W0207791

VND

Ernährung im Wandel

Vorwort zur zweiten Auflage

Als wir dieses Buch – unsere erste Sammlung glutenfreier und vegetarischer Rezepte – schrieben, fühlten wir uns wie Wegbereiter einer größeren und guten Entwicklung: Unser Bestreben war, eine Möglichkeit zu finden, sich vollwertig, aber ohne glutenhaltiges Getreide zu ernähren. Nur auf guten Geschmack wollten wir natürlich nicht verzichten! Und wie sich immer wieder zeigt, sind wir mit diesem Wunsch nicht alleine – viele Menschen sehnen sich nach einer natürlichen, vegetarischen und glutenfreien Küche, die praxistauglich ist.

In den vergangenen zwei Jahren haben wir einen enormen Zuspruch erfahren, der uns auf unserem Weg bestätigt. Immer mehr Menschen teilen unseren Qualitätanspruch und unsere Kochwerte. Sie möchten mit naturbelassenen und hochwertigen Lebensmitteln glutenfrei kochen. Und schmecken soll es natürlich auch.

Unserer Wahrnehmung nach hat sich vieles in der Diskussion um Ernährung geändert. Die Kritik am Verkauf und Verzehr von schneller und billiger Nahrung nimmt zu, wodurch auch der Bedarf an Alternativen steigt. Dadurch wiederum erhält auch die glutenfreie Ernährung einen neuen Stellenwert: Wenn die moderne westliche Kost eher gesundheitsschädlich ist, dann ist der Verzicht auf Gluten – wie immer mehr Publikationen nahe legen – eine entscheidende Maßnahme zur Verbesserung des Wohlbefindens. Der vollwertig glutenfrei essende Mensch ist also nicht länger Zugehöriger einer Randgruppe, sondern Vorreiter eines bewussten Ernährungs- und Lebensstils.

Um die Vorteile einer solchen Ernährung voll auskosten zu können, ist die Qualität der verwendeten Zutaten entscheidend. Seit unserer ersten Veröffentlichung können wir nicht häufig genug betonen, wie wichtig die Auswahl der Zutaten ist – denn glutenfreies und vollwertiges Kochen muss man in der Regel selbst in die Hand nehmen. Auch ist es nach wie vor schwierig, glutenfrei und vollwertig außer Haus zu essen. Kaufen Sie also möglichst alle Zutaten, jedoch unbedingt die Milchprodukte, in biologischer Qualität, um Gentechnik zu vermeiden. Kaufen Sie regionale Produkte, das bedeutet für uns im weitesten Sinne auch Produkte aus unseren Breitengraden – z. B. wird Amarant mittlerweile auch in Europa angebaut – und wo dies nicht möglich ist, legen Sie Wert auf fairen Handel.

Gesundheitsfalle Gluten

Gluten belastet allgemein den Organismus, besonders den Darm, und hat laut Dr. med. William Davis eine opiate Wirkung. Das heißt, es macht in gewissem Maße süchtig. Das Gluten des überzüchteten Weizens ist besonders aggressiv. Daraus entsteht ein allgemeines Risiko, denn Gluten aus Weizen wird in den meisten Fertigprodukten verarbeitet. Immer mehr Forschungs- und Erfahrungsberichte zeigen auf, dass der menschliche Körper nicht auf Gluten eingestellt ist. Das bedeutet konkret: Die meisten Menschen – nicht nur Zöliakiebetroffene – erfahren eine Steigerung ihres Wohlbefindens, sobald sie keine glutenhaltigen Speisen mehr zu sich nehmen. Denn wen Gluten nicht krank macht, den macht es anscheinend träge und oft auch dick. Auch die Menschen, denen wir als Kochbuchautorinnen begegnet sind, erzählen uns dieselbe Geschichte: Wer Gluten aus der Küche verbannt, der hat mehr Energie und fühlt sich einfach besser!

Dadurch wird Gluten zu einem Thema, das nicht nur die Zöliakiebetroffenen umtreibt. Auch wenn diese Autoimmunerkrankung die stärkste Abwehrreaktion auf Gluten darstellt, ist es für die ganze Familie sinnvoll, glutenfrei zu leben. Gluten durch Stärke zu ersetzen, ist allerdings der Weg vom Regen in die Traufe! Kaufen Sie keine glutenfreien Fertigprodukte, greifen Sie lieber zu gesunden Alternativen: Aus Reis, Quinoa, Hirse, Buchweizen und Amarant lassen sich vollwertige Einzelmehle herstellen, die sich mit frischen Lebensmitteln zu leckeren Gerichten verarbeiten lassen.

Beste Lebensmittel, beste Küche

Es ist großartig, dass biologische Lebensmittel immer größeren Zuspruch finden. Menschen werden sich bewusst, dass sie Essen in bester Qualität verdient haben, und dass dies am besten einhergeht mit der gebührenden Wertschätzung der Erzeuger.

Fehlt nur noch das Wissen, wie man die Zutaten für die glutenfreie Küche mit vollwertigen Mehlen richtig auswählt, kombiniert und schmackhaft zubereitet. Und hier kommen wir ins Spiel – wir steuern diese unerlässliche Zutat Wissen bei. Immer häufiger finden sich unsere Bücher auch am selben Ort, wo Sie die von uns empfohlenen glutenfreien Zutaten einkaufen können. Wir sind froh, denn dies ist ein weiterer Schritt, um glutenfreies Leben im Alltag zu erleichtern. Denn unser Anspruch begrenzt sich nicht nur auf durchdachte Ernährung – sie soll sich auch praktisch im modernen Leben umsetzen lassen.

Und nur wer selbst mit hochwertiger Grundzutaten kocht, weiß auch wirklich, was in seinem Essen verarbeitet worden ist. Vorgefertigte Produkte bringen hingegen oft Zusatzstoffe mit sich, deren langfristige Wirkung auf unseren Körper unbekannt ist. Das wäre unvereinbar mit unserem Kochwerte-Qualitätsanspruch. Unsere Rezepte zeigen Ihnen, wie Sie mit den glutenfreien vollwertigen Körnern oder Mehlen und maximal vier frischen Zutaten abwechslungsreich und vegetarisch kochen können. Denn es ist überraschend leicht, glutenfreie Gerichte auf den Tisch zu zaubern, wenn man seine Mahlzeiten geschickt nach unserem System plant.

Durch Erfahrung zum System – mit System zum Erfolg

Unsere Rezepte sind erprobt und gut planbar.Wir haben recherchiert, wo sich glutenfreie Grundzutaten finden lassen und wie man sein Leben langfristig glutenfrei leben kann. Unser empfohlener Grundvorrat hilft bei der Planung. Dies vereinfacht die Herstellung glutenfreier Gerichte. Kauft man dann noch saisonale und möglichst aus der Region stammende Lebensmittel ein, kann man sich auch noch kostengünstig ernähren.

Von unseren Erfahrungswerten können Sie profitieren, denn wir haben sie für dieses Kochbuch zusammengestellt: Im Anschluss und am Ende des Buches folgen Orientierungshilfen für den glutenfreien Alltag, wie unsere Einkaufshilfe, Herstelleradressen sowie Informationen über glutenfreie Getreidesorten. Die verarbeiteten Produkte sind mit der Auflistung glutenfreier Lebensmittel der DZG e.V. abgeglichen. Kochanfänger können im "Putz"-ABC nachlesen, wie sie Pilzen und Gemüse am besten zu Leibe rücken. Wir bieten also nicht nur hervorragende Rezepte, sondern ein ganzes System an. Denn wir beschäftigen uns seit Jahren mit Fragen zur Ernährung – mit dem Schwerpunkt auf glutenfreier, vegetarischer und rein pflanzlicher Ernährungsweise. Das vorliegende Kochbuch allerdings widmet sich vor allem der glutenfreien Backstube, denn dieses Thema ist entscheidend, sobald man auf Gluten verzichten muss. Auf unserer Webseite **www.kochwerte.de** finden Sie weiteres interessantes Hintergrundwissen zum Thema.

Was ist beim Backen mit glutenfreien Vollkornmehlen zu beachten?

Früher wurde Brot aus frisch gemahlenem Korn, Wasser, Hefe und/oder Sauerteig und Salz gebacken. So kann man es im Grunde auch heute und mit glutenfreien Mehlen halten – doch benötigt man für diese Brote zusätzlich Johannisbrotkern- oder Guarkernmehl, damit sich die verwendeten glutenfreien Mehle beim Backen verbinden. Wir verwenden für viele Brote auch Honig oder Reissirup und Apfelessig, welche als natürlicher Sauerteig die Geheigenschaften der Hefe unterstützen.

Hefe spielt natürlich auch in der glutenfreien Backstube eine große Rolle. Sie sollte nicht nur frei von Gluten, sondern auch frei von Gentechnik sein. Wir haben mit der glutenfreien Trockenhefe der Firma Werz die besten Resultate erzielt.

Da Brotbacken keine zeitraubende Angelegenheit werden und einfach zu handhaben sein soll, haben wir die Vorbereitung zum Backen so vereinfacht, dass Sie nach einigen Wiederholungen das Brotbacken ohne Rezept erledigen können. Bei den Rezepten ist nur wichtig, dass Sie die Grundbedingungen immer beachten: die Temperatur der verwendeten Flüssigkeit, die Rührdauer und das "Gehen" des Brotteiges. Dadurch gelingen die Brote sicher – und Sie werden sehen: Mit dem passenden Vorrat ist glutenfreies Brot backen überraschend einfach!

Die Praxis des Brotbackens

Wir haben alle Brote mehrmals mit glutenfreien Mehlen der Firma Werz gebacken. Wir empfehlen Ihnen, sich mindestens zwei Brotbackformen anzuschaffen, die ausschließlich für das Backen glutenfreier Brote verwendet werden. Das Herauslösen der Brote aus den Formen kann schwierig sein und bloßes Einfetten der Formen reicht oft nicht aus. Silikonbackformen leisten hier gute Dienste. Alternativ kann man Metallformen mit Backpapier ausschlagen.

Wir haben die einzelnen Schritte des Brotbackens im "Brot – Grundrezept" (Seite 23) genau beschrieben. Bitte lesen Sie sich dieses Rezept zur Orientierung einmal durch und halten Sie sich an die Vorgaben. Die Backtemperatur ist beim Brotbacken natürlich besonders wichtig; wir gehen in den Rezepten von einem Backofen mit Ober- und Unterhitze und gutem Backverhalten aus. Passen Sie gegebenenfalls die Backtemperatur an Ihren Herd an.

Kontamination vermeiden

Falls Sie für eine Familie kochen und backen, in der auch glutenhaltige Lebensmittel verzehrt werden, sollten Sie glutenfreie und glutenhaltige Zutaten trennen, um eine Kontamination, also eine Verunreinigung oder Verschmutzung, für alle zu vermeiden, die glutenfrei leben möchten. Lassen Sie in diesem Fall nicht nur bei der Zubereitung Ihrer Gerichte, sondern auch bei der Lagerung größte Sorgfalt walten. Am besten ist eine einmalige, aber umfassende Bestandsaufnahme in Küche und Lagerräumen. Der Backofen sollte jedes Mal gründlich gereinigt werden. Wenn Sie Ober- und Unterhitze verwenden, wird kein Gluten durch die Umluftfunktion im Ofen verwirbelt. Bei den Backformen schaffen Sie am besten separate Formen für das glutenfreie und glutenhaltige Backen an und kennzeichnen diese dementsprechend.

Alles, was Sie zum Aufbewahren und Schneiden der Brote verwenden, muss auch sauber gehalten werden, wobei es auch hier in vielen Fällen sinnvoller sein mag, gleich ein zweites "glutenfreies" Utensil anzuschaffen. Eine Kennzeichnung der Geräte, mit denen glutenfreie Lebensmittel in Berührung kommen, hilft bei der Umsetzung. In diese Kategorie fallen Brotkörbe, aber auch Toaster und Brotschneidemaschinen – alles, was Krümel verbreitet. Absolut notwendig ist eine Trennung bei Getreidemühlen. Sie können eine Vermischung von glutenhaltigen Mehlen mit glutenfreien Sorten ansonsten nicht vermeiden. Auch die Lagerorte glutenfreier Zutaten sollten Sie von denen glutenhaltiger Lebensmittel trennen. Benutzen Sie zum Beispiel zwei separate Schränke.

Das mag extrem erscheinen. Vielleicht wird man Sie deswegen für übertrieben penibel halten. Aber dieses Verhalten ist richtig: Sie leben glutenfrei, weil es ein wichtiger Beitrag zur Aufrechterhaltung Ihrer Gesundheit ist.

Wir möchten Sie dazu ermuntern, unsere glutenfreien und vegetarischen Rezepte für die gesamte Familie zuzubereiten, denn sie erweitern Ihren Speiseplan geschmacklich ungemein!

Der Kochwerte-Qualitätsanspruch

Der Kochwerte-Qualitätsanspruch

Was uns besonders am Herzen liegt

- ✔ Maximal frische Lebensmittel
- ✔ Minimal verarbeitete Zutaten
- ✔ Hochwertige Fette und Öle
- ✔ Keine künstlichen E-Stoffe

Was könnte wichtiger sein, als der tagtägliche Aufbau Ihres Körpers? Sie brauchen eine angemessene Menge an Nähr- und Vitalstoffen, um gesund zu bleiben. Ohne die passenden Bausteine kann Ihr Stoffwechsel nicht funktionieren. Es ist also das oberste Ziel einer guten Ernährung, diese zur Verfügung zu stellen – Sie brauchen gute Zutaten. Und nur gute Zutaten bieten puren Geschmack. An welchen Richtlinien kann man sich im Alltag orientieren? Aus diesen Fragen hat der Verlag den Kochwerte-Qualitätsanspruch und folgende Einkaufsrichtlinien entwickelt:

✔ Maximal frische Lebensmittel

Lebensmittel sind, wie der Name verrät, Stoffe, die der Körper zum Leben braucht. Sie dienen diesem Zweck umso besser, je frischer sie sind. Das erreichen Sie, indem Sie Obst, Gemüse und Kräuter saisonal und regional kaufen. Frische und reife Lebensmittel strotzen vor Geschmack und Vitalstoffen. Kurze Transportwege sorgen dafür, dass die Pflanzen nicht unreif vor ihrer Zeit geerntet werden müssen. Sie finden diese Zutaten auf dem Wochenmarkt, direkt beim Erzeuger, im Biomarkt oder Sie können sie sich sogar in Form von Bio-Kisten wöchentlich anliefern lassen. Verarbeiten Sie alle Zutaten möglichst frisch!

Kaufen Sie am besten biologische Qualität, um eine Belastung mit Pestiziden zu vermeiden und zu verhindern, dass Sie auf geschönte Produkte hereinfallen, die mit bedenklichen Stoffen gefärbt oder überzogen wurden. Dadurch unterstützen Sie gleichzeitig Betriebe, die verantwortungsbewusst und nachhaltig wirtschaften. Lebensmittel, die nicht in Deutschland oder Europa angebaut werden können, sollten unbedingt in biologischer Qualität erworben werden, um Ausbeutung an Land oder Menschen zu verhindern.

Neben frischen Lebensmitteln spielen auch Nüsse in der glutenfreien und vegetarischen Ernährung eine große Rolle. Obwohl sich Nüsse länger lagern lassen und nicht zwingend erntefrisch gekauft werden müssen, altern auch sie. Irgendwann werden sie trotz richtiger Lagerung ranzig. Kaufen Sie deshalb kleinere Mengen, bis Sie Ihren Verbrauch auf längere Zeit einschätzen können. Nüsse sind als Snack und als Zugabe zu Müslis und Nachtischen eine wertvolle Ergänzung einer vegetarischen Ernährung. Durch die Verwendung von Nüssen kann man zuckerhaltige Naschereien reduzieren.

✔ Minimal verarbeitete Zutaten

Unser Körper kann Lebensmittel am besten aufnehmen, wenn sie möglichst naturbelassen sind. Vollwertige Produkte liefern Nährstoffe in ihrem natürlichen Verbund, auf den unser Stoffwechsel ausgerichtet ist. Das gilt insbesondere für Zutaten, die nicht frisch auf den Tisch kommen. Wo Verarbeitung unerlässlich ist, muss diese schonend vonstatten gehen.

Produkte der Nahrungsmittelindustrie, die zu Gunsten maschineller Verarbeitung, Haltbarkeit und Konsistenz durch Zusatzstoffe verändert wurden, können den Stoffwechsel hingegen durcheinander bringen und zu Mangelerscheinungen führen. Wer sich gesund ernähren möchte, sollte von den meisten verarbeiteten Produkten Abstand nehmen und sie stattdessen selbst frisch zubereiten. Je schonender Sie dies tun, desto mehr Nähr- und Vitalstoffe stehen Ihnen zur Verfügung.

Falls Sie verarbeitete Nahrungsmittel verwenden wollen, sollten Ihnen die Zutaten einzeln als Lebensmittel bekannt sein. So können Sie zu Gunsten Ihres Wohlbefindens entscheiden, ob Sie das gewählte Produkt wirklich verzehren wollen.

✔ Hochwertige Fette und Öle

Hochwertige Fette und Öle enthalten wertvolle Inhaltsstoffe, die im Laufe der Zeit abgebaut werden und sollten deshalb nicht unbegrenzt gelagert und konsumiert werden! Nur raffinierte und erhitzte Öle sind sehr lange haltbar – aber sie sind leider schädlich für Ihre Gesundheit.

Gute Öle, die Ihren Körper mit den wichtigen Omega-3- und Omega-6-Fettsäuren versorgen können, müssen hingegen schonend verarbeitet worden sein. Kaufen Sie deshalb naturbelassene Pflanzenöle aus kalter Pressung und biologischem Anbau. Wir empfehlen insbesondere Sonnenblumen-, Oliven-, Hanf-, Erdnuss- und Leinöl. Eine Mischung dieser Ölsorten kann eine gute Versorgung mit Omega-3- und Omega-6-Fettsäuren in gutem Verhältnis sicher stellen. Hochwertige Öle, wie Hanf- und Leinöl, sollten im Kühlschrank und/oder dunkel gelagert werden und eignen sich nur für eine kalte Verwendung.

Wenige Öle sind zum Andünsten geeignet – beim Braten würden sie selbst verbrennen und giftige Transfettsäuren entwickeln. Deshalb niemals Öl oder Fett bis zum Rauchpunkt erhitzen!

Für das echte Anbraten, bei dem Bräunung und Röstaromen entstehen sollen, empfiehlt sich Ghee sowie ungehärtetes Kokosfett oder Kokosöl. Es ist stabiler und hält auch Temperaturen über 200°C unbeschadet aus. Kokosprodukte stammen jedoch leider oft aus bedenklichem Raubbau in Monokulturen, deren Erzeuger keine fairen Preise erhalten. Deswegen benutzen wir selten Kokosfett in unseren Rezepten und achten beim Kauf auf biologisch und sozial verträglichen und nachhaltigen Anbau und freuen uns darüber, dass es Händler gibt, die Kokosfett und Kokosöl fair gehandelt anbieten.

Ghee ist, wie gesagt, sehr gut zum Anbraten geeignet. Ghee ist sehr leicht selbst herzustellen. Eine einfache Anleitung dazu finden Sie auf unserer Webseite www.kochwerte.de.

✔ Keine künstlichen E-Stoffe

Achten Sie bei verarbeiteten Nahrungsmitteln besonders gut auf die Zutatenliste: In vielen Produkten kommen Zusätze vor, die künstlichen Ursprungs sein können. Durch Aromaentwickler werden künstlich hergestellte Stoffe zusammengefügt, um beispielsweise den Geschmack von Früchten zu imitieren - Erdbeer- oder sonst ein Fruchtaroma - und es wird dem Verbraucher durch Begriffe wie "Naturidentisch" das Gefühl vermittelt, das Produkt würde Zutaten natürlichen Ursprungs enthalten. Doch in Wirklichkeit ist der fruchtige Geschmack oft im Labor entwickelt worden. Wenn man sich diesen Tatbestand einmal bewußt gemacht hat, kann man ohne großen Aufwand durch z.B. Verwendung von einfachem Joghurt und frischen Früchten sich selbst leckeren Fruchtjoghurt herstellen.

Vermeiden Sie in jedem Fall die Geschmacksverstärker E 620-625 (Glutamat und Glutaminsäuren), die sich auch hinter den Bezeichnungen Hefeextrakt oder Würze verbergen können. Sie stehen im Verdacht, gesundheitlich bedenklich zu sein. Oft sind sie Bestandteil von Gemüsebrühen und anderen Würzmitteln, auch wenn auf der Packung "frei von Geschmacksverstärkern" steht! Besonders Schlagsahne sollte ohne den Zusatzstoff Carrageen E 407 verwendet werden. Biosahne kommt in der Regel ohne diesen Zusatzstoff aus. Carrageen steht im Verdacht, sich ungünstig auf den Darm auszuwirken. Doch gerade die Darmgesundheit sollte bei Zöliakiebetroffenen stets im Vordergrund stehen.

Vielleicht ist Ihnen gar nicht bewusst, wie häufig Sie E-Nummern konsumieren. Hier eine grobe Übersicht über harmlos klingende Begriffe, hinter denen sich E-Nummern verstecken dürfen: Emulgatoren, Trennmittel, Farbstoffe, Säuerungsmittel, Teigführungsmittel, Backhilfsmittel, Konservierungsstoffe, Säureregulatoren, Stabilisatoren, Geschmacksverstärker, Antioxidantien, Süßstoffe, Enzyme, Stärken, Verdickungs-, Gelier- und Feuchthaltemittel.

Unter den E-Nummern gibt es allerdings auch einige unbedenkliche, natürliche Stoffe, wie zum Beispiel Agar-Agar (E 406), Johannisbrotkern- oder Guarkernmehl (E 410 und E 412).

Fazit:

Wenn Sie verarbeitete Produkte kaufen, sollte Ihnen jede Zutat als eigenständige Pflanze bekannt sein!

Ein guter Tipp: Meiden Sie verarbeitete Nahrungsmittel, die mehr als fünf Zutaten enthalten.

Weitere Empfehlungen für Ihren Einkauf

Pseudogetreide

wie Amarant, Buchweizen, Hirse, Mais, Quinoa und Reis sollte in Vollkornqualität, also mit den wertvollen Randschichten, gekauft und verarbeitet werden. Bei Mais ist darüber hinaus besonders wichtig, diesen in Bioqualität zu kaufen, da bei Mais die Herkunft eine große Rolle spielt.

In Fertigprodukten, die man glutenfrei erwerben kann, wird oft Maismehl oder Maisstärke als größter Bestandteil der Zutaten verarbeitet. Auf den Verpackungen dieser Fertigprodukte findet man weder Hinweise darauf, dass sie aus dem vollen Getreidekorn hergestellt worden sind, noch findet man auf ihnen ein Bio-Siegel. Diese Produkte sind oft nur eine einfache Mischung aus reiner Stärke und Zucker. Diese Kombination trägt dazu bei, dass durch den Verzehr der Blutzuckerspiegel ständig in die Höhe getrieben wird und dadurch die Gesundheit belastet werden kann.

Vollkornmehle aus den oben genannten Pseudogetreiden sind minimal verarbeitete Lebensmittel, die dem Körper keine Vitalstoffe vorenthalten. Um die Vorzüge dieser Vollkornmehle optimal nutzen zu können, ist die Anschaffung einer Getreidemühle unerlässlich. Durch die Verarbeitung der frisch gemahlenen glutenfreien Getreide bleiben alle Nährstoffe erhalten und durch den Verzehr der selbst gebackenen Brote werden dem Körper alle im Korn enthaltenen Nährstoffe zugeführt.

Gewürze

sind Lebensmittel, bei denen Sie auf die Herkunft und Verarbeitung achten müssen, denn sie werden im konventionellen Handel oft bestrahlt, um ihre Haltbarkeit zu verlängern. Wir empfehlen Einzelgewürze aus biologischer Herkunft.

Salz

sollte in Form von natürlichem Meer- oder Steinsalz ohne Rieselhilfen (E-Stoffe) oder Zusatzstoffen verwendet werden. Meer-, Stein-, oder Himalajasalz enthalten von Natur aus wichtige Spurenelemente und müssen nicht künstlich damit angereichert werden. Falls Sie Kräutersalz verwenden möchten, achten Sie darauf, dass das Salz also aus einer natürlichen Quelle wie zum Beispiel dem Meer und die beigemischten Kräuter aus biologischem Anbau stammen.

Zucker

kann durchaus – in Maßen – genossen werden. Bedenken Sie aber, dass er den Blutzuckerspiegel schnell in die Höhe treibt, aber auch rasch wieder absinken lässt, was zu Heißhunger führt. Weißen Zucker sollte man generell vermeiden, weil er seiner Vitalstoffe beraubt wurde. Wir verwenden Vollrohrzucker aus fairem und biologischem Handel, der noch einen großen Teil der Vitamine und Mineralstoffe des Zuckerrohrs enthält. Beachten Sie auch, welcher Zucker in verarbeiteten Produkten verwendet wird!

Gerade für die glutenfreie Ernährung werden viele Fertigprodukte mit einem hohen Anteil an Zucker angeboten. Es lohnt sich, die Ernährung auf glutenfreie hochwertige Lebenmittel umzustellen, die ein unverfälschtes Geschmackserlebnis liefern können.

Alternative Süßungsmittel

In manchen Rezepten verwenden wir Reissirup. Bemerkenswert ist, dass Reissirup den Blutzuckerspiegel nur langsam an- und absteigen lässt und er viele Mineralstoffe, aber keine Fruktose enthält. Der von uns in den Rezepten eingesetzte Agavendicksaft oder Honig kann durch Reissirup ersetzt werden. In jedem Fall handelt es sich bei den genannten Süßungsmitteln um – teilweise stark – verarbeitete Produkte. Deswegen empfehlen wir in jedem Fall sparsames Süßen!

Fazit:

Folgen Sie diesen Einkaufsempfehlungen, können Sie sich abwechslungsreich, natürlich und glutenfrei ernähren. Der **Grundvorrat** (siehe vordere Innenklappe) zeigt Ihnen die glutenfreien Lebensmittel auf, die gelagert werden können. Unsere **Einkaufshilfen** helfen Ihnen dabei, alle von uns verwendeten Zutaten einfach einkaufen zu können, da wir für Sie die Bezugsquellen recherchiert und aufgelistet haben.
Die **Symbole** ● ○ ✔ in den Rezepten helfen Ihnen, alle Zutaten einzuordnen und in unseren Einkaufshilfen wieder zu finden.

Wir sind uns sicher, dass Sie sich mit diesen Hilfen ein einfaches und genussvolles glutenfreies Leben gestalten können!

Glutenfreie Körner und Mehle

Informationen zu den verwendeten glutenfreien Körnern und Mehlen

Amarant (1)

ist ein Fuchsschwanzgewächs und somit kein Getreide, sondern mit Spinat, Mangold und Roter Bete verwandt. Allerdings können die Samen wie Getreide verwendet werden. Neben Mehl wird Amarant auch gepufft für Müsli und Süßspeisen angeboten. Traditionell war Amarant ein Grundnahrungsmittel der indianischen Hochkulturen in Mittel- und Südamerika. Sein Eiweißgehalt ist mit 17% nicht nur sehr hoch, sondern auch gut für den Menschen verwertbar. Es enthält die Mineralien Eisen, Kalzium, Zink und Magnesium in bemerkenswerter Menge. Seine Fette sind zum größten Teil ungesättigt und damit sehr gesund.

Buchweizen (2)

ist botanisch gesehen ein enger Verwandter von Rhabarber und Sauerampfer. Weil die Buchweizenkörner in ihrer Zusammensetzung dem Getreide sehr ähnlich sind und sich darüber hinaus auch so verarbeiten und verwenden lassen, wird der Buchweizen unter praktischen Gesichtspunkten dem Getreide zugerechnet. Nach der Ernte wird der Buchweizen maschinell geschält und der grünlichbraune Kern freigelegt. Die Verwendung von Buchweizen verleiht den Gebäcken einen charakteristischen kräftigen, angenehmen, leicht bitteren Geschmack. Buchweizenmehl lässt sich leicht zu herzhaftem Brot und Pfannkuchen verarbeiten. Buchweizen enthält viele Proteine und Mineralien wie Zink.

Hirse (3)

wird in Amerika und Russland und neuerdings auch wieder in Deutschland angebaut. Sie wird von ihrer harten, unverdaulichen Schale befreit und kann anschließend gekocht oder gemahlen werden. Hirse hat neben Hafer den höchsten Gehalt an Vitalstoffen, die im ganzen Korn verteilt sind. Sie ist reich an den Vitaminen E, B1, B2 und B6. Sie enthält viele Mineralstoffe wie Eisen und Zink und besteht zu etwa 10 Prozent aus Eiweiß. Hirse enthält die für Haut und Haare wichtige Kieselsäure. Sie ist in jeder Form leicht verdaulich und gut verträglich. Hirse schmeckt mild und nussig.

Quinoa (4)

stammt aus den südamerikanischen Anden und gehört ebenfalls zur Familie der Fuchsschwanzgewächse. Es gibt weiße, rote und schwarze Quinoasorten, deren bittere Schale vor der Verarbeitung entfernt wird. Es kann wie Reis gekocht gegessen werden und das Quinoamehl eignet sich zum Backen. Es übertrifft gängige Getreidesorten wie Weizen oder Dinkel an Mineralstoffen, wie zum Beispiel Eisen, Zink, Kalium, Kupfer und Mangan. Besonders hervorzuheben ist, dass Quinoa nicht nur viel Eiweiß enthält, sondern sogar alle essentiellen Aminosäuren.

Vollkornreis (Rundkorn) (5)

kann zu feinem, weißem Mehl vermahlen werden. Nur der Rundkornreis verfügt über einen Mehlkörper, der ein spelzfreies Mehl ergibt. Wegen seines neutralen Geschmacks kann es sowohl zu süßem Gebäck wie auch zu herzhaften Broten, Pfannkuchen oder Pizzen verarbeitet werden. Wird das ganze Korn mit Schale und Keimling gemahlen, enthält es viele wertvolle Inhaltsstoffe: Vitamine wie K, E, B1 und B2, sowie Mineralstoffe wie Magnesium, Eisen und Selen finden sich in vollwertigem Reismehl.

Guarkernmehl (6)

wird aus dem gemahlenen Samen der Guarpflanze gewonnen. Es ist ein feines, weißes bis cremefarbiges, fast geruchloses Pulver mit mildem Geschmack. Guarkernmehl löst sich vollständig in kaltem oder heißem Wasser. Es quillt auf und bildet eine zähflüssige Lösung. Guarkernmehl wird als Bindemittel, Ballaststoff und Stabilisator in glutenfreien Lebensmitteln, Backwaren und der Pharmazie eingesetzt.

Johannisbrotkernmehl (7)

wird aus dem gemahlenen Samen des Johannisbrotbaumes gewonnen. Die Pflanze wächst hauptsächlich in den Mittelmeerländern. Die getrockneten Früchte des Strauches sind das Johannisbrot (Carob). Die geschälten Kerne (Samen) dienen zur Herstellung des Johannisbrotkernmehls. Es wird als Stabilisator, Binde- und Verdickungsmittel bei glutenfreien Mehlen, Teigwaren und Gebäcken eingesetzt.

Kleines „Putz“-ABC

Das „Putz“-ABC erklärt, wie man Gemüse, Salate, Kräuter sowie Obst vorbereitet. Dieser Vorgang wird in den Rezepten mit dem Wort „putzen“ beschrieben.

Ananas:

Von der Ananas den Strunk und den Blattansatz abschneiden. Je nach benötigter Menge die Ananas halbieren oder vierteln und die Schale sowie den in der Mitte liegenden Strunk entfernen. Falls Ananasscheiben benötigt werden, die ganze Ananas schälen und in Scheiben schneiden. Aus den Ananasscheiben den Strunk in der Mitte mit einem scharfen, spitzen Messer herausschneiden.

Champignons:

Champignons gegebenenfalls mit einer Gemüsebürste bürsten. Die Schnittfläche am Stiel frisch anschneiden. Bei großen, offenen Köpfen den Stiel herausbrechen und die Lamellen entfernen. Die Haut von den Lamellen her vom Champignonkopf abziehen. Champignons sollten ohne Salz angebraten werden.

Chilischote:

Chilischote waschen, halbieren und weiße Trennhäute sowie Kerne entfernen. Die Kerne der Chilischote enthalten die meiste Schärfe. Aus diesem Grund sollten Menschen, die darauf sehr empfindlich reagieren, zur Bearbeitung Einmalhandschuhe anziehen.

Feldsalat:

Vom Feldsalat die Wurzeln abschneiden, allerdings so, dass die Blätter noch zusammenbleiben. Welke Blättchen entfernen und die Feldsalatsträußchen gründlich waschen.

Knollensellerie:

Knollensellerie zur Weiterverarbeitung schälen und waschen.

Kräuter: Dill, Petersilie, Schnittlauch

Kräuter direkt nach dem Einkauf waschen, trocken tupfen und bis zum Gebrauch in ein Glas mit Wasser stellen. Zum Gebrauch die Kräuter fein hacken, wodurch sie ihr Aroma besonders gut entfalten. Um den Geschmack der gehackten Kräuter zu erhalten, streut man sie meist erst kurz vor dem Servieren über das fertige Gericht. Gehackte Kräuter können problemlos eingefroren werden.

Kräuter: Salbei, Rosmarin, Thymian
Kräuter waschen. Sind die Stiele der Kräuter holzig, diese abzupfen und die Stiele nicht mitverarbeiten. Weiche Stiele kann man je nach Rezept im Ganzen weiterverarbeiten.

Mango:
Es sollten immer vollreife Früchte verwendet werden. Mango dünn schälen und das Fruchtfleisch nach und nach vom Kern abschneiden.

Möhren:
Möhren gründlich waschen oder bürsten, das Wurzelende und ggf. das Möhrengrün abschneiden. Möhren dünn schälen.

Paprikaschote:
Paprikaschote waschen und Deckel abschneiden. Aus dem Deckel den Stiel herausdrücken. Aufgeschnittene Paprikaschote halbieren und weiße Trennhäute sowie Kerne entfernen.

Paprikaschote häuten:
Paprika putzen, halbieren und mit der Schnittstelle nach unten auf ein mit Backpapier ausgelegtes Backblech legen. Im Backofen bei 200 °C 15–20 Minuten rösten, bis die Haut dunkle Blasen bildet. Paprika aus dem Ofen nehmen, kurz abkühlen lassen und Haut abziehen.

Porree:
Vom Porree das ledrige Grün und den Wurzelansatz entfernen. Porree längs aufschneiden, auseinanderfächern und unter fließendem Wasser gründlich waschen.

Salatgurke:
Salatgurke zur Weiterverarbeitung gründlich waschen und den Stiel- und Blütenansatz 2–3 cm abschneiden. Falls man die Gurke schälen möchte, schält man vom Blüten- zum Stielansatz.

Strauchtomaten:
Tomaten waschen, halbieren oder vierteln und den Stielansatz herausschneiden. Für spezielle Gerichte die Kerne und das Fruchtfleisch entfernen.

Tomaten häuten:
Tomaten gegenüber dem Stielansatz kreuzweise einschneiden, in ein hohes Gefäß füllen und mit kochendem Wasser übergießen. Nach 5–10 Minuten das Wasser abgießen und die Haut von den Tomaten abziehen. Die Stielansätze herausschneiden und die Tomaten je nach Rezept weiterverarbeiten.

Weißkohl:
Vom Weißkohl die äußeren Blätter entfernen und den Wurzelansatz abschneiden. Weißkohl je nach Größe halbieren oder vierteln und den harten Strunk entfernen. Für einen Rohkostsalat wird der Weißkohl in dünne Streifen geschnitten, in eine Schüssel gefüllt, mit Meersalz bestreut und mit den Händen durchgeknetet. Der Weißkohl wird dadurch etwas weicher.

Zucchini:
Zucchini waschen, den Stielansatz abschneiden und je nach Rezept weiterverarbeiten.

24 schnelle Brote & Brötchen

8 einfache Frühstücksvariationen

12 herzhafte Pfannen- & Ofengerichte

21 frische

Blatt- & Gemüsesalate

6 süße Aufstriche

16 herzhafte Aufstriche, Dips & Chutneys

Brote, Brötchen & Aufstriche

HINWEIS

Da jeder Backofen ein anderes Backverhalten hat, sollten Sie unsere Temperatur- und Zeitangaben als Orientierungshilfe sehen.
Bei der Angabe der Backtemperatur sind wir von einem Backofen mit Ober- und Unterhitze ausgegangen. Allgemeine Hinweise zum Backen unserer glutenfreien Brote finden Sie im Vorwort.

TIPP

Wer die Brote etwas würziger mag, röstet Kerne und Samen in einer heißen Pfanne ohne Fettzugabe und mischt sie dann erst unter den Teig. Dabei sollte man nur beachten, dass der Teig nach dem Umfüllen in die Backform durch die Hitze der Kerne sehr schnell anfängt aufzugehen.

● ○ ✔ Erläuterung der Symbole und Einkaufshilfe ab Seite 134

TIPP *Wenn Sie das Brot frisch in Scheiben geschnitten einfrieren, können Sie die einzelnen Scheiben nach Bedarf im Toaster aufbacken.*

Brot – Grundrezept *einfach und herzhaft*

Zutaten aus dem Vorrat

- ● 450 ml Wasser (lauwarm, ca. 25 °C)
- ✔ 1 Päckchen Werz-Trockenhefe
- ○ 1 EL Apfelessig
- ● 1 EL Honig oder ✔ Reissirup
- ✔ 250 g Reismehl
- ✔ 250 g Buchweizenmehl
- ✔ 1 EL Johannisbrotkernmehl (10 g)
- ✔ 1 EL Guarkernmehl (5 g)
- ● 1 EL Meer- oder Himalajasalz (10 g)
- ● 3 EL Olivenöl
- ● 1 TL Öl (zum Bestreichen des Teiges vor dem Backen)

Zutaten Einkauf

» kein Einkauf nötig

1. Lauwarmes Wasser in einer Schüssel bereitstellen. Hefe, Essig und Honig oder Reissirup in das Wasser einrühren und so lange stehen lassen, bis die Hefe anfängt zu schäumen.

2. Die verschiedenen Mehle mit Salz in einer zweiten Schüssel verrühren.

3. Das Mehlgemisch in das Hefewasser geben und mit den Knethaken eines Rührgerätes 3 Minuten kneten. Das Mehl sollte sich vollständig mit der Flüssigkeit verbunden haben.

4. Öl in den Teig einrühren. Teig mithilfe eines Teigschabers in eine mit Backpapier ausgeschlagene Brotbackform füllen. Teigoberfläche mit Öl glatt streichen und dreimal quer einritzen.

5. Brotteig zum Aufgehen an einen warmen Ort stellen, bis sich der Teig um 1/3 vergrößert hat. (Dies kann bis zu einer Stunde dauern.)

6. Brotteig im vorgeheizten Backofen auf der unteren Schiene bei 200 °C 10 Minuten backen. Danach die Temperatur auf 180 °C herunterstellen und weitere 45–50 Minuten backen. (Das Brot ist durchgebacken, wenn man es nach der Gesamtbackzeit aus der Backform nimmt, darauf klopft und es sich ringsherum hohl anhört.)

7. Fertig gebackenes Brot aus der Form nehmen und auf einem Rost o. ä. auskühlen lassen. Das Brot nicht aufschneiden, bevor es ausgekühlt ist.

TIPP *Wenn Sie das Brot frisch in Scheiben geschnitten einfrieren, können Sie die einzelnen Scheiben nach Bedarf im Toaster aufbacken.*

● ○ ✔
Erläuterung der Symbole und Einkaufshilfe ab Seite 134

Vierkornbrot

Zutaten aus dem Vorrat

- ● 450 ml Wasser (lauwarm, ca. 25 °C)
- ✔ 1 Päckchen Werz-Trockenhefe
- ○ 1 EL Apfelessig
- ● 1 EL Honig oder ✔ Reissirup
- ✔ 150 g Reismehl
- ✔ 150 g Buchweizenmehl
- ✔ 100 g Hirsemehl
- ✔ 100 g Amarantmehl
- ✔ 1 EL Johannisbrotkernmehl (10 g)
- ✔ 1 EL Guarkernmehl (5 g)
- ● 1 EL Meer- oder Himalajasalz (10 g)
- ● 3 EL Olivenöl
- ● 1 TL Öl (zum Bestreichen des Teiges vor dem Backen)

Zutaten Einkauf

» kein Einkauf nötig

1. Lauwarmes Wasser in einer Schüssel bereitstellen. Hefe, Essig und Honig oder Reissirup in das Wasser einrühren und so lange stehen lassen, bis die Hefe anfängt zu schäumen.

2. Die verschiedenen Mehle mit Salz in einer zweiten Schüssel verrühren.

3. Das Mehlgemisch in das Hefewasser geben und mit den Knethaken eines Rührgerätes 3 Minuten kneten. Das Mehl sollte sich vollständig mit der Flüssigkeit verbunden haben.

4. Öl in den Teig einrühren. Teig mithilfe eines Teigschabers in eine mit Backpapier ausgeschlagene Brotbackform füllen. Teigoberfläche mit Öl glatt streichen und dreimal quer einritzen.

5. Brotteig zum Aufgehen an einen warmen Ort stellen, bis sich der Teig um 1/3 vergrößert hat. (Dies kann bis zu einer Stunde dauern.)

6. Brotteig im vorgeheizten Backofen auf der unteren Schiene bei 200 °C 10 Minuten backen. Danach die Temperatur auf 180 °C herunterstellen und weitere 45–50 Minuten backen. (Das Brot ist durchgebacken, wenn man es nach der Gesamtbackzeit aus der Backform nimmt, darauf klopft und es sich ringsherum hohl anhört.)

7. Fertig gebackenes Brot aus der Form nehmen und auf einem Rost o. ä. auskühlen lassen. Das Brot nicht aufschneiden, bevor es ausgekühlt ist.

TIPP *Damit das Brot nicht zu feucht wird, sollten Sie beim Kochen des Buchweizens unbedingt darauf achten, dass das Wasser wirklich vollständig von den Buchweizenkörnern aufgesogen worden ist. Wenn Sie dafür einen beschichteten Topf verwenden, brennen die Körner dabei nicht an!*

● ○ ✔
Erläuterung der Symbole und Einkaufshilfe ab Seite 134

Brot mit Buchweizenkörnern

Zutaten aus dem Vorrat

- ✔ 50 g Buchweizen (ganze Körner)
- ● 50 ml Wasser
- ● 450 ml Wasser (lauwarm, ca. 25 °C)
- ✔ 1 Päckchen Werz-Trockenhefe
- ○ 1 EL Apfelessig
- ● 1 EL Honig oder ✔ Reissirup
- ✔ 250 g Reismehl
- ✔ 150 g Buchweizenmehl
- ✔ 100 g Hirsemehl
- ✔ 1 EL Johannisbrotkernmehl (10 g)
- ✔ 1 EL Guarkernmehl (5 g)
- ● 1 EL Meer- oder Himalajasalz (10 g)
- ● 3 EL Olivenöl
- ● 1 TL Öl (zum Bestreichen des Teiges vor dem Backen)

Zutaten Einkauf

» kein Einkauf nötig

1. Den Buchweizen in 50 ml Wasser kochen, bis das ganze Wasser vom Buchweizen aufgenommen worden ist.

2. Lauwarmes Wasser in einer Schüssel bereitstellen. Hefe, Essig und Honig oder Reissirup in das Wasser einrühren und so lange stehen lassen, bis die Hefe anfängt zu schäumen.

3. Die verschiedenen Mehle mit Salz in einer zweiten Schüssel verrühren. Das Mehlgemisch in das Hefewasser geben und mit den Knethaken eines Rührgerätes 3 Minuten kneten. Das Mehl sollte sich vollständig mit der Flüssigkeit verbunden haben.

4. Öl und den gekochten Buchweizen in den Teig einrühren. Teig mithilfe eines Teigschabers in eine mit Backpapier ausgeschlagene Brotbackform füllen. Teigoberfläche mit Öl glatt streichen und dreimal quer einritzen.

5. Brotteig zum Aufgehen an einen warmen Ort stellen, bis sich der Teig um 1/3 vergrößert hat. (Dabei sollte man nur beachten, dass der Teig nach dem Umfüllen in die Backform durch die Hitze des Buchweizens sehr schnell anfängt aufzugehen.)

6. Brotteig im vorgeheizten Backofen auf der unteren Schiene bei 200 °C 10 Minuten backen. Danach die Temperatur auf 180 °C herunterstellen und weitere 45–50 Minuten backen.

7. Fertig gebackenes Brot aus der Form nehmen und auf einem Rost o. ä. auskühlen lassen. Das Brot nicht aufschneiden, bevor es ausgekühlt ist.

● ○ ✔
Erläuterung der Symbole und Einkaufshilfe ab Seite 134

Buchweizenbrot herzhaft

Zutaten aus dem Vorrat

- ● 450 ml Wasser (lauwarm, ca. 25 °C)
- ✔ 1 Päckchen Werz-Trockenhefe
- ○ 1 EL Apfelessig
- ● 1 EL Honig oder ✔ Reissirup
- ✔ 400 g Buchweizenmehl
- ✔ 100 g Reismehl
- ✔ 1 EL Johannisbrotkernmehl (10 g)
- ✔ 1 EL Guarkernmehl (5 g)
- ● 1 EL Meer- oder Himalajasalz (10 g)
- ○ 1 EL Brotgewürz (5 g)
- ● 3 EL Olivenöl
- ● 1 TL Öl (zum Bestreichen des Teiges vor dem Backen)

Zutaten Einkauf

» kein Einkauf nötig

TIPP *Dieses Brot schmeckt sehr gut zu Camembert und Kürbischutney, Rezept siehe Seite 131.*

1. Lauwarmes Wasser in einer Schüssel bereitstellen. Hefe, Essig und Honig oder Reissirup in das Wasser einrühren und so lange stehen lassen, bis die Hefe anfängt zu schäumen.

2. Die verschiedenen Mehle mit Salz in einer zweiten Schüssel verrühren.

3. Das Mehlgemisch in das Hefewasser geben und mit den Knethaken eines Rührgerätes 3 Minuten kneten. Das Mehl sollte sich vollständig mit der Flüssigkeit verbunden haben.

4. Brotgewürz und Öl in den Teig einrühren.

5. Teig mithilfe eines Teigschabers in eine mit Backpapier ausgeschlagene Brotbackform füllen. Teigoberfläche mit Öl glatt streichen und dreimal quer einritzen.

6. Brotteig zum Aufgehen an einen warmen Ort stellen, bis sich der Teig um 1/3 vergrößert hat. (Dies kann bis zu einer Stunde dauern.)

7. Brotteig im vorgeheizten Backofen auf der unteren Schiene bei 200 °C 10 Minuten backen. Danach die Temperatur auf 180 °C herunterstellen und weitere 45–50 Minuten backen.

8. Fertig gebackenes Brot aus der Form nehmen und auf einem Rost o. ä. auskühlen lassen. Das Brot nicht aufschneiden, bevor es ausgekühlt ist.

BROT MIT BÄRLAUCH *Anstelle der Zwiebeln schneiden Sie die gewaschenen Bärlauchblätter klein und geben sie mit dem Bärlauchöl zum Teig. Den Teig verarbeiten Sie dann weiter wie oben beschrieben.*

● ○ ✔
Erläuterung der Symbole und Einkaufshilfe ab Seite 134

Brot mit Zwiebeln

Zutaten aus dem Vorrat

- ● 100 g Zwiebeln
- ● 1 EL Olivenöl oder Ghee
- ● 450 ml Wasser (lauwarm, ca. 25 °C)
- ✔ 1 Päckchen Werz-Trockenhefe
- ○ 1 EL Apfelessig
- ● 1 EL Honig oder ✔ Reissirup
- ✔ 150 g Reismehl
- ✔ 150 g Hirsemehl
- ✔ 100 g Buchweizenmehl
- ✔ 100 g Amarantmehl
- ✔ 1 EL Johannisbrotkernmehl (10 g)
- ✔ 1 EL Guarkernmehl (5 g)
- ● 1 EL Meer- oder Himalajasalz
- ● 1 TL Öl (zum Bestreichen des Teiges vor dem Backen)

Zutaten Einkauf

Variante Brot mit Bärlauch:

- ● 4–6 Bärlauchblätter (mittelgroß)
- ● Bärlauchöl, davon 3 EL

1. Zwiebeln häuten, in kleine Würfel schneiden und in Olivenöl oder Ghee ca. 3 Minuten andünsten.

2. Lauwarmes Wasser in einer Schüssel bereitstellen. Hefe, Essig und Honig oder Reissirup in das Wasser einrühren und so lange stehen lassen, bis die Hefe anfängt zu schäumen.

3. Die verschiedenen Mehle mit Salz in einer zweiten Schüssel verrühren. Das Mehlgemisch in das Hefewasser geben und mit den Knethaken eines Rührgerätes 3 Minuten kneten. Das Mehl sollte sich vollständig mit der Flüssigkeit verbunden haben.

4. Gedünstete Zwiebeln etwas abkühlen lassen und in den Teig einrühren.

5. Teig mithilfe eines Teigschabers in eine mit Backpapier ausgeschlagene Brotbackform füllen. Teigoberfläche mit Öl glatt streichen und dreimal quer einritzen.

6. Brotteig zum Aufgehen an einen warmen Ort stellen, bis sich der Teig um 1/3 vergrößert hat. (Da die Zwiebeln warm in den Teig kommen, geht er sehr schnell um 1/3 des Volumens auf.)

7. Brotteig im vorgeheizten Backofen auf der unteren Schiene bei 200 °C 10 Minuten backen. Danach die Temperatur auf 180 °C herunterstellen und weitere 45–50 Minuten backen.

8. Fertig gebackenes Brot aus der Form nehmen und auf einem Rost o. ä. auskühlen lassen. Das Brot nicht aufschneiden, bevor es ausgekühlt ist.

Mandelmus

Zutaten aus dem Vorrat

- ✔ 200 g Mandeln (gemahlen)
- ● 100 ml Sonnenblumenöl
- ✔ 6–8 EL Agavendicksaft oder ● Honig

Zutaten Einkauf

- ✔ Carobpulver, davon 2 EL

1. Gemahlene Mandeln mit Sonnenblumenöl, Agavendicksaft oder Honig und Carobpulver mit den Knethaken eines Rührgerätes zu einer geschmeidigen Masse verarbeiten.

TIPP *In Schraubgläser gefüllt hält sich das Mandelmus für längere Zeit – es sei denn, die Familie ist auf den Geschmack gekommen.*

● ○ ✔
Erläuterung der Symbole und Einkaufshilfe ab Seite 134

Amarantbrot

Zutaten aus dem Vorrat

- ● 450 ml Wasser (lauwarm, ca. 25 °C)
- ✔ 1 Päckchen Werz-Trockenhefe
- ○ 1 EL Apfelessig
- ● 1 EL Honig oder ✔ Reissirup
- ✔ 200 g Amarantmehl
- ✔ 150 g Buchweizenmehl
- ✔ 150 g Reismehl
- ✔ 1 EL Johannisbrotkernmehl (10 g)
- ✔ 1 EL Guarkernmehl (5 g)
- ● 1 EL Meer- oder Himalajasalz (10 g)
- ● 3 EL Olivenöl
- ● 1 TL Öl (zum Bestreichen des Teiges vor dem Backen)

Zutaten Einkauf

» kein Einkauf nötig

TIPP *Brot mit Amarantmehl gebacken bleibt längere Zeit schön saftig! In diesen Brotteig können Sie zusätzlich zum Öl noch einen Esslöffel Brotgewürz einarbeiten. Dadurch wird das Brot sehr würzig!*

1. Lauwarmes Wasser in einer Schüssel bereitstellen. Hefe, Essig und Honig oder Reissirup in das Wasser einrühren und so lange stehen lassen, bis die Hefe anfängt zu schäumen.

2. Die verschiedenen Mehle mit Salz in einer zweiten Schüssel verrühren.

3. Das Mehlgemisch in das Hefewasser geben und mit den Knethaken eines Rührgerätes 3 Minuten kneten. Das Mehl sollte sich vollständig mit der Flüssigkeit verbunden haben.

4. Öl in den Teig einrühren.

5. Teig mithilfe eines Teigschabers in eine mit Backpapier ausgeschlagene Brotbackform füllen. Teigoberfläche mit Öl glatt streichen und dreimal quer einritzen.

6. Brotteig zum Aufgehen an einen warmen Ort stellen, bis sich der Teig um 1/3 vergrößert hat. (Dies kann bis zu einer Stunde dauern.)

7. Brotteig im vorgeheizten Backofen auf der unteren Schiene bei 200 °C 10 Minuten backen. Danach die Temperatur auf 180 °C herunterstellen und weitere 45–50 Minuten backen.

8. Fertig gebackenes Brot aus der Form nehmen und auf einem Rost o. ä. auskühlen lassen. Das Brot nicht aufschneiden, bevor es ausgekühlt ist.

Erdbeermus
ungekocht

Zutaten aus dem Vorrat

✔ 2 TL Johannisbrotkernmehl

✔ Agavendicksaft

Zutaten Einkauf

- 200 g Erdbeeren (vollreif)

1. Erdbeeren waschen, gegebenenfalls putzen, klein schneiden und in einem hohen Gefäß mit einem Stabmixer pürieren.

2. Johannisbrotkernmehl dazugeben und gründlich mit dem Erdbeermus verrühren. Agavendicksaft nach Geschmack hinzufügen.

TIPP *Alle Vitalstoffe der Erdbeeren bleiben erhalten. Das Mus ist jedoch auch gekühlt nur wenige Tage haltbar.*

● ○ ✔ Erläuterung der Symbole und Einkaufshilfe ab Seite 134

Süße Sonntagsbrötchen

Zutaten aus dem Vorrat

- ● 450 ml Wasser (lauwarm, ca. 25 °C)
- ✔ 1 Päckchen Werz-Trockenhefe
- ○ 1 EL Apfelessig
- ● 1 EL Honig oder ✔ Reissirup
- ✔ 200 g Buchweizenmehl
- ✔ 150 g Amarantmehl
- ✔ 100 g Reismehl
- ✔ 50 g Reisstärke
- ✔ 1 EL Johannisbrotkernmehl (10 g)
- ✔ 1 EL Guarkernmehl (5 g)
- ● 1 TL Meer- oder Himalajasalz (6 g)
- ✔ 2 EL Reissirup oder Agavendicksaft

Zutaten Einkauf

» kein Einkauf nötig

1. Lauwarmes Wasser in einer Schüssel bereitstellen. Hefe, Essig und Honig oder Reissirup in das Wasser einrühren und so lange stehen lassen, bis die Hefe anfängt zu schäumen.

2. Die verschiedenen Mehle mit Salz in einer zweiten Schüssel verrühren.

3. Das Mehlgemisch in das Hefewasser geben und mit den Knethaken eines Rührgerätes 3 Minuten kneten. Das Mehl sollte sich vollständig mit der Flüssigkeit verbunden haben.

4. Reissirup oder Agavendicksaft in den Teig einrühren.

5. Mit geölten Händen aus dem Teig ca. 8 Brötchen formen und auf ein mit Backpapier ausgelegtes Backblech setzen.

6. Die Oberfläche der Brötchen mit Wasser bestreichen, kreuzweise einritzen und an einem warmen Ort um 1/3 des Volumens aufgehen lassen.

7. Brötchen im vorgeheizten Backofen auf der unteren Schiene bei 180 °C 25–30 Minuten backen.

Orangen-Ingwer-Aufstrich

Zutaten aus dem Vorrat

- ● 4 EL Zitronensaft
- ● 100 g Vollrohrzucker
- ✔ 2 TL Johannisbrotkernmehl

Zutaten Einkauf

- ● 2 Orangen
- ● 1 TL Ingwer (frisch, gerieben)

1. Orangen schälen, klein schneiden, mit geriebenem Ingwer, Zitronensaft und Vollrohrzucker in einem kleinen Topf 5 Minuten kochen lassen.

2. Den Topf von der Herdplatte ziehen, das Johannisbrotkernmehl dazugeben und mit einem Stabmixer alles kurz pürieren.

TIPP *Füllen Sie den Orangen-Ingwer-Aufstrich in ein Schraubglas. So können Sie ihn für einige Tage im Kühlschrank aufbewahren.*

● ○ ✔
Erläuterung der Symbole und Einkaufshilfe ab Seite 134

Brot mit Sonnenblumenkernen

Zutaten aus dem Vorrat

- ● 450 ml Wasser (lauwarm, ca. 25 °C)
- ✔ 1 Päckchen Werz-Trockenhefe
- ○ 1 EL Apfelessig
- ● 1 EL Honig oder ✔ Reissirup
- ✔ 250 g Reismehl
- ✔ 150 g Buchweizenmehl
- ✔ 100 g Hirsemehl
- ✔ 1 EL Johannisbrotkernmehl (10 g)
- ✔ 1 EL Guarkernmehl (5 g)
- ● 1 EL Meer- oder Himalajasalz (10 g)
- ● 3 EL Olivenöl
- ● 80 g Sonnenblumenkerne
- ● 1 TL Öl (zum Bestreichen des Teiges vor dem Backen)

Zutaten Einkauf

» kein Einkauf nötig

TIPP *Wer das Brot gern etwas würziger mag, röstet die Sonnenblumenkerne in einer heißen Pfanne ohne Fettzugabe und mischt sie dann erst unter den Teig.*

1. Lauwarmes Wasser in einer Schüssel bereitstellen. Hefe, Essig und Honig oder Reissirup in das Wasser einrühren und so lange stehen lassen, bis die Hefe anfängt zu schäumen.

2. Die verschiedenen Mehle mit Salz in einer zweiten Schüssel verrühren.

3. Das Mehlgemisch in das Hefewasser geben und mit den Knethaken eines Rührgerätes 3 Minuten kneten. Das Mehl sollte sich vollständig mit der Flüssigkeit verbunden haben.

4. Öl und die Sonnenblumenkerne in den Teig einrühren. Teig mithilfe eines Teigschabers in eine mit Backpapier ausgeschlagene Brotbackform füllen. Teigoberfläche mit Öl glatt streichen und dreimal quer einritzen.

5. Brotteig zum Aufgehen an einen warmen Ort stellen, bis sich der Teig um 1/3 vergrößert hat. (Dies kann bis zu einer Stunde dauern.)

6. Brotteig im vorgeheizten Backofen auf der unteren Schiene bei 200 °C 10 Minuten backen. Danach die Temperatur auf 180 °C herunterstellen und weitere 45–50 Minuten backen.

7. Fertig gebackenes Brot aus der Form nehmen und auf einem Rost o. ä. auskühlen lassen. Das Brot nicht aufschneiden, bevor es ausgekühlt ist.

Blutorangen-Zimt-Aufstrich

Zutaten aus dem Vorrat

- 50 g Vollrohrzucker

Zutaten Einkauf

- 2 Blutorangen, davon 200 ml Saft
- ○ Zimt, davon 1 TL
- ○ Agar-Agar, davon ½ TL

1. Blutorangen auspressen und den Saft in einen Kochtopf gießen.

2. Vollrohrzucker, Zimt und Agar-Agar in den Saft einrühren und 2 Minuten unter Rühren kochen lassen.

3. Die noch flüssige Masse in ein Schraubglas zum Abkühlen gießen.

TIPP *Bitte beachten Sie, dass der Aufstrich erst nach dem Abkühlen fest wird.*

● ○ ✔ Erläuterung der Symbole und Einkaufshilfe ab Seite 134

Süßes Brot mit Rosinen

Zutaten aus dem Vorrat

- ● 200 ml Wasser (lauwarm, ca. 25 °C)
- ● 250 ml Voll- oder Reismilch
- ✔ 1 Päckchen Werz-Trockenhefe
- ○ 1 EL Apfelessig
- ● 1 EL Honig oder ✔ Reissirup
- ✔ 150 g Braunhirsemehl
- ✔ 150 g Hirsemehl
- ✔ 150 g Amarantmehl
- ✔ 1 EL Johannisbrotkernmehl (10 g)
- ✔ 1 EL Guarkernmehl (5 g)
- ✔ 50 g Erdmandelflocken
- ● 1 TL Meer- oder Himalajasalz (6 g)
- ✔ 2 EL Agavendicksaft
- ○ 80 g Rosinen

Zutaten Einkauf

» kein Einkauf nötig

TIPP *Frisch mit Butter bestrichen ist dieses Brot sehr lecker zum Frühstück.*

GEHEIMTIPP *Natürlich kann man dieses Brot auch ohne Rosinen backen!*

1. Milch und Wasser auf 25–30 °C erwärmen und in einer Schüssel bereitstellen.

2. Hefe, Essig und Honig oder Reissirup in das Milchwasser einrühren und so lange stehen lassen, bis die Hefe anfängt zu schäumen.

3. Mehle und Flocken sowie Salz in einer zweiten Schüssel verrühren.

4. Das Mehlgemisch in das Milch-Hefewasser geben und mit den Knethaken eines Rührgerätes 3 Minuten kneten. Das Mehl sollte sich vollständig mit der Flüssigkeit verbunden haben.

5. Agavendicksaft sowie Rosinen in den Teig einrühren.

6. Teig mithilfe eines Teigschabers in eine mit Backpapier ausgeschlagene Brotbackform füllen. Teigoberfläche mit Wasser glatt streichen und dreimal quer einritzen.

7. Den Brotteig zum Aufgehen an einen warmen Ort stellen, bis sich der Teig um 1/3 vergrößert hat. (Dies kann bis zu einer Stunde dauern.)

8. Den Teig im vorgeheizten Backofen auf der unteren Schiene bei 200 °C 10 Minuten backen. Danach die Temperatur auf 180 °C herunterstellen und weitere 45–50 Minuten backen.

9. Fertig gebackenes Brot aus der Form nehmen und auf einem Rost o. ä. auskühlen lassen. Das Brot nicht aufschneiden, bevor es ausgekühlt ist.

● ○ ✔
Erläuterung der Symbole und Einkaufshilfe ab Seite 134

TIPP *Bitte beachten Sie, dass ungekochtes Fruchtmus auch im Kühlschrank nur begrenzt haltbar ist und schnell aufgebraucht werden sollte.*

Ananas-Kokos-Aufstrich ungekocht

Zutaten aus dem Vorrat

✔ 1 TL Johannisbrotkernmehl

Zutaten Einkauf

● 1 Ananas

○ Kokosraspeln, davon 2 EL

1. Ananas putzen und 200 g vom Fruchtfleisch mit einem Stabmixer pürieren.

2. Kokosraspeln und Johannisbrotkernmehl einrühren.

Reisbrot

Zutaten aus dem Vorrat

- ● 450 ml Reisdrink (lauwarm, ca. 25 °C)
- ✔ 1 Päckchen Werz-Trockenhefe
- ○ 1 EL Apfelessig
- ● 1 EL Honig oder ✔ Reissirup
- ✔ 450 g Reismehl
- ✔ 50 g Reisstärke
- ✔ 1 EL Johannisbrotkernmehl (10 g)
- ✔ 1 EL Guarkernmehl (5 g)
- ● 1 TL Meer- oder Himalajasalz (6 g)

Zutaten Einkauf

» kein Einkauf nötig

TIPP *Anstelle des Honigs oder des Reissirups können Sie auch 3 EL Agavendicksaft verwenden und bekommen so ein süßes Reisbrot.*

1. Reisdrink in einer Schüssel bereitstellen.

2. Hefe, Essig und Honig oder Reissirup in den Reisdrink einrühren und so lange stehen lassen, bis die Hefe anfängt zu schäumen.

3. Reismehl und Reisstärke sowie Johannisbrotkern- und Guarkernmehl und Salz in einer zweiten Schüssel verrühren.

4. Das Mehlgemisch in die Hefemilch geben und mit den Knethaken eines Rührgerätes 3 Minuten kneten. Das Mehl sollte sich vollständig mit der Flüssigkeit verbunden haben.

5. Teig mithilfe eines Teigschabers in eine mit Backpapier ausgeschlagene Brotbackform füllen.

6. Teigoberfläche mit Wasser glatt streichen und dreimal quer einritzen.

7. Brotteig zum Aufgehen an einen warmen Ort stellen, bis sich der Teig um 1/3 vergrößert hat. (Dies kann bis zu einer Stunde dauern.)

8. Brotteig im vorgeheizten Backofen auf der unteren Schiene bei 200 °C 10 Minuten backen. Danach die Temperatur auf 180 °C herunterstellen und weitere 45–50 Minuten backen.

9. Fertig gebackenes Brot aus der Form nehmen und auf einem Rost o. ä. auskühlen lassen. Das Brot nicht aufschneiden, bevor es ausgekühlt ist.

Pflaumenmus *ungekocht*

Zutaten aus dem Vorrat

- ● evtl. Vollrohrzucker

Zutaten Einkauf

- ○ 200 g Pflaumen (getrocknet, entsteint)

1. Pflaumen mit Wasser bedeckt über Nacht einweichen.

2. Am nächsten Tag das Wasser der Pflaumen abgießen und aufbewahren. Die Pflaumen mit einem Stabmixer pürieren.

3. Vollrohrzucker nach Geschmack zum Mus geben und alles kräftig durchrühren.

TIPP *Das Pflaumenwasser kann man einfach trinken!*

GEHEIMTIPP *In das fertige Pflaumenmus können Sie auch ¼ Teelöffel Zimt einrühren.*

● ○ ✔
Erläuterung der Symbole und Einkaufshilfe ab Seite 134

Mandelbrot

Zutaten aus dem Vorrat

- ● 80 g Mandelkerne
- ● 450 ml Wasser (lauwarm, ca. 25 °C)
- ✔ 1 Päckchen Werz-Trockenhefe
- ○ 1 EL Apfelessig
- ● 1 EL Honig oder ✔ Reissirup
- ✔ 150 g Buchweizenmehl
- ✔ 150 g Reismehl
- ✔ 100 g Quinoamehl
- ✔ 50 g Amarantmehl
- ✔ 50 g Hirsemehl
- ✔ 1 EL Johannisbrotkernmehl (10 g)
- ✔ 1 EL Guarkernmehl (5 g)
- ● 1 TL Meer- oder Himalajasalz (6 g)
- ● 3 EL Olivenöl
- ● 1 TL Öl (zum Bestreichen des Teiges vor dem Backen)
- ✔ 2 EL Mandelmüsli (3-Korn)

Zutaten Einkauf

» kein Einkauf nötig

TIPP *Anstelle der gehackten Mandeln kann man auch die gleiche Menge Rosinen verwenden.*

1. Mandelkerne in einem kleinen Gefäß mit kochendem Wasser übergießen und einige Minuten stehen lassen. (Die Haut der Mandeln lässt sich danach einfach von den Mandeln entfernen.) Die Mandeln häuten, abtrocknen und grob hacken.

2. Lauwarmes Wasser in einer Schüssel bereitstellen. Hefe, Essig und Honig oder Reissirup in das Wasser einrühren und so lange stehen lassen, bis die Hefe anfängt zu schäumen.

3. Die verschiedenen Mehle mit Salz in einer zweiten Schüssel verrühren. Das Mehlgemisch in das Hefewasser geben und mit den Knethaken eines Rührgerätes 3 Minuten kneten. Das Mehl sollte sich vollständig mit der Flüssigkeit verbunden haben.

4. Öl und die gehackten Mandeln in den Teig einrühren. Teig mithilfe eines Teigschabers in eine mit Backpapier ausgeschlagene Brotbackform füllen. Teigoberfläche mit Öl glatt streichen und mit Mandelmüsli bestreuen.

5. Brotteig zum Aufgehen an einen warmen Ort stellen, bis sich der Teig um 1/3 vergrößert hat. (Dies kann bis zu einer Stunde dauern.)

6. Brotteig im vorgeheizten Backofen auf der unteren Schiene bei 200 °C 10 Minuten backen. Danach die Temperatur auf 180 °C herunterstellen und weitere 45–50 Minuten backen.

7. Fertig gebackenes Brot aus der Form nehmen und auf einem Rost o. ä. auskühlen lassen. Das Brot nicht aufschneiden, bevor es ausgekühlt ist.

Petersilienpesto

● ○ ✔ Erläuterung der Symbole und Einkaufshilfe ab Seite 134

Zutaten aus dem Vorrat

- ● 50 g Walnusskerne
- ● 100 ml Olivenöl
- ○ 1 TL Kräutersalz
- ● 2 EL Zitronensaft

Zutaten Einkauf

- ● 50 g Petersilie (glatt)
- ● 50 g Petersilie (kraus)
- ● 50 g Parmesan

1. Den Parmesan reiben und in eine hohe Schüssel füllen.

2. Petersilie waschen, klein schneiden, mit den Walnusskernen und dem Olivenöl zum Parmesan geben und alles mit einem Stabmixer pürieren.

3. Das fertige Pesto hält sich, in Schraubgläser gefüllt, einige Zeit im Kühlschrank.

TIPP *Das Petersilienpesto schmeckt auch sehr gut zu gekochten glutenfreien Nudeln.*

Kräftiges Walnussbrot

Zutaten aus dem Vorrat

- ● 450 ml Wasser (lauwarm, ca. 25 °C)
- ✔ 1 Päckchen Werz-Trockenhefe
- ○ 1 EL Apfelessig
- ● 1 EL Honig oder ✔ Reissirup
- ✔ 150 g Reismehl
- ✔ 150 g Hirsemehl
- ✔ 150 g Buchweizenmehl
- ✔ 50 g Braunhirse (gemahlen)
- ✔ 1 EL Johannisbrotkernmehl (10 g)
- ✔ 1 EL Guarkernmehl (5 g)
- ● 1 EL Meer- oder Himalajasalz (10 g)
- ● 50 g Walnusskerne
- ● 3 EL Walnussöl
- ● 1 TL Öl (zum Bestreichen des Teiges vor dem Backen)

Zutaten Einkauf

» kein Einkauf nötig

TIPP *In Biomärkten bekommt man auch Walnussbruch, der sich für diese Verwendung hervorragend eignet.*

1. Lauwarmes Wasser in einer Schüssel bereitstellen. Hefe, Essig und Honig oder Reissirup in das Wasser einrühren und so lange stehen lassen, bis die Hefe anfängt zu schäumen.

2. Die verschiedenen Mehle mit Salz in einer zweiten Schüssel verrühren.

3. Das Mehlgemisch in das Hefewasser geben und mit den Knethaken eines Rührgerätes 3 Minuten kneten. Das Mehl sollte sich vollständig mit der Flüssigkeit verbunden haben.

4. Walnussöl und Walnusskerne in den Teig einrühren.

5. Teig mithilfe eines Teigschabers in eine mit Backpapier ausgeschlagene Brotbackform füllen. Teigoberfläche mit Öl glatt streichen und dreimal quer einritzen.

6. Brotteig zum Aufgehen an einen warmen Ort stellen, bis sich der Teig um 1/3 vergrößert hat. (Dies kann bis zu einer Stunde dauern.)

7. Brotteig im vorgeheizten Backofen auf der unteren Schiene bei 200 °C 10 Minuten backen. Danach die Temperatur auf 180 °C herunterstellen und weitere 45–50 Minuten backen.

8. Fertig gebackenes Brot aus der Form nehmen und auf einem Rost o. ä. auskühlen lassen. Das Brot nicht aufschneiden, bevor es ausgekühlt ist.

Apfel-Zwiebel-Brotbelag

Zutaten aus dem Vorrat

- ● 100 g Zwiebeln
- ● 200 g Crème fraîche
- ✔ 1 EL Agavendicksaft
- ○ 1 TL Senf (mittelscharf)
- ○ 1 EL Balsamico bianco
- ● 1 TL Meer- oder Himalajasalz
- ○ ¼ TL Pfeffer

Zutaten Einkauf

- ● 1 Apfel

Variante, siehe Tipp

- ● 1 Bund Schnittlauch
- ● Thymian (frisch, abgezupft), davon 2 EL

1. Zwiebeln häuten, halbieren und in dünne Streifen schneiden.

2. Apfel schälen, vierteln und das Kerngehäuse entfernen.

3. Die Apfelviertel in kleine Stücke schneiden und mit den Zwiebelstreifen in einer Schüssel bereitstellen.

4. Crème fraîche, Agavendicksaft, Senf, Essig, Salz und Pfeffer verrühren und zu den Zwiebeln geben.

TIPP *Den Dip in zwei Teile teilen. Einen Teil mit klein geschnittenem Schnittlauch und den anderen Teil mit abgezupftem Thymian verfeinern.*

● ○ ✔
Erläuterung der Symbole und Einkaufshilfe ab Seite 134

Kürbiskernbrot

Zutaten aus dem Vorrat

- ● 450 ml Wasser (lauwarm, ca. 25 °C)
- ✔ 1 Päckchen Werz-Trockenhefe
- ○ 1 EL Apfelessig
- ● 1 EL Honig oder ✔ Reissirup
- ✔ 200 g Reismehl
- ✔ 150 g Buchweizenmehl
- ✔ 150 g Hirsemehl
- ✔ 1 EL Johannisbrotkernmehl (10 g)
- ✔ 1 EL Guarkernmehl (5 g)
- ● 1 EL Meer- oder Himalajasalz (10 g)
- ● 80 g Kürbiskerne
- ● 3 EL Kürbiskernöl
- ● 1 TL Öl (zum Bestreichen des Teiges vor dem Backen)

Zutaten Einkauf

» kein Einkauf nötig

TIPP *Wer das Brot etwas würziger mag, röstet die Kürbiskerne in einer heißen Pfanne ohne Fettzugabe und mischt sie dann erst unter den Teig. Beachten Sie, dass der Teig durch die Hitze der Kerne schnell anfängt aufzugehen.*

1. Lauwarmes Wasser in einer Schüssel bereitstellen. Hefe, Essig und Honig oder Reissirup in das Wasser einrühren und so lange stehen lassen, bis die Hefe anfängt zu schäumen.

2. Die verschiedenen Mehle mit Salz in einer zweiten Schüssel verrühren.

3. Das Mehlgemisch in das Hefewasser geben und mit den Knethaken eines Rührgerätes 3 Minuten kneten. Das Mehl sollte sich vollständig mit der Flüssigkeit verbunden haben.

4. Kürbiskerne und Kürbiskernöl in den Teig einrühren.

5. Teig mithilfe eines Teigschabers in eine mit Backpapier ausgeschlagene Brotbackform füllen. Teigoberfläche mit Öl glatt streichen und dreimal quer einritzen.

6. Brotteig zum Aufgehen an einen warmen Ort stellen, bis sich der Teig um 1/3 vergrößert hat. (Dies kann bis zu einer Stunde dauern.)

7. Brotteig im vorgeheizten Backofen auf der unteren Schiene bei 200 °C 10 Minuten backen. Danach die Temperatur auf 180 °C herunterstellen und weitere 45–50 Minuten backen.

8. Fertig gebackenes Brot aus der Form nehmen und auf einem Rost o. ä. auskühlen lassen. Das Brot nicht aufschneiden, bevor es ausgekühlt ist.

Eierkäs

„Westerwälder Art“

Zutaten aus dem Vorrat

- 500 ml Vollmilch
- 8 Eier
- 1 TL Meer- oder Himalajasalz
- 2 EL Vollrohrzucker

Zutaten Einkauf

- ○ evtl. Zimt

TIPP *Traditionell isst man den Eierkäs mit Zimt und Zucker bestreut auf Kartoffelbrot.*

1. Milch, Eier, Salz und Zucker mit einem Stabmixer verquirlen. In einem Topf 2 Liter Wasser zum Kochen bringen.

2. Die Eimasse in einen kochfesten Gefrierbeutel füllen. Den Gefrierbeutel in das leicht kochende Wasser einhängen (d. h. den Gefrierbeutel stellt man in das Wasser und hängt den Gefrierbeutelrand über den Kochtopfrand) und den Beutel so lange im Wasser belassen, bis die Eimasse fest ist.

3. Die gestockte Eimasse in eine Eierkäsform oder ein Kunststoffsieb füllen, etwas glatt streichen und abtropfen lassen. Die Eierkäsform oder das Sieb mit der Eierkäsmasse auf einen Teller in den Kühlschrank stellen. (Auf den Eierkäs zur Beschwerung noch einen Teller oder ähnliches legen, damit die Masse insgesamt etwas dichter wird und die eventuell noch vorhandene Flüssigkeit austreten kann.)

4. Nach 2–4 Stunden den Eierkäs aus der Form oder aus dem Sieb auf einen Teller stürzen.

● ○ ✔ Erläuterung der Symbole und Einkaufshilfe ab Seite 134

Kartoffelbrot „Siegerländer Art“

Zutaten aus dem Vorrat

- 400 g Kartoffeln (halb fein und halb grob gerieben)
- ✔ 300 g Reismehl
- ✔ 100 g Reisstärke
- ✔ 1 EL Johannisbrotkernmehl (10 g) oder 1 EL Guarkernmehl (10 g)
- 1 EL Meer- oder Himalajasalz (10 g)
- ✔ 1 Päckchen Werz-Trockenhefe
- 2 Eier

Zutaten Einkauf

» kein Einkauf nötig

1. Kartoffeln waschen und schälen. Die Kartoffeln grob reiben.

2. Damit die Kartoffelmasse nicht grau wird, die geriebenen Kartoffeln mit 100 ml kochendem Wasser überbrühen und anschließend zum Abtropfen in ein Sieb geben.

3. Die Kartoffelmasse mit den Händen ausdrücken (damit die Kartoffeln wieder ziemlich trocken werden) und in einer Schüssel bereitstellen.

4. Reismehl, Reisstärke und Johannisbrotkernmehl sowie Salz und Trockenhefe mischen, mit den Eiern zu der Kartoffelmasse geben und mit den Knethaken eines Rührgerätes 3 Minuten kneten.

5. Teig mithilfe eines Teigschabers in eine mit Backpapier ausgeschlagene Brotbackform füllen. Teigoberfläche mit Öl glatt streichen und dreimal quer einritzen.

6. Brotteig zum Aufgehen an einen warmen Ort stellen, bis sich der Teig um 1/3 vergrößert hat. (Dies kann bis zu einer Stunde dauern.)

7. Brotteig im vorgeheizten Backofen auf der unteren Schiene bei 200 °C 10 Minuten backen. Danach die Temperatur auf 180 °C herunterstellen und weitere 45–50 Minuten backen.

8. Fertig gebackenes Brot aus der Form nehmen und auf einem Rost o. ä. auskühlen lassen. Das Brot nicht aufschneiden, bevor es ausgekühlt ist.

● ○ ✔
Erläuterung
der Symbole und
Einkaufshilfe
ab Seite 134

TIPP *Die Brötchen kann man frisch gebacken einfrieren und sie nach dem Auftauen aufgeschnitten auf dem Toaster noch einmal kurz aufbacken.*

Partybrötchen

Zutaten aus dem Vorrat

- ● 450 ml Wasser (lauwarm, ca. 25 °C)
- ✔ 1 Päckchen Werz-Trockenhefe
- ○ 1 EL Apfelessig
- ● 1 EL Honig oder ✔ Reissirup
- ✔ 350 g Buchweizenmehl
- ✔ 100 g Reismehl
- ✔ 1 EL Johannisbrotkernmehl (10 g)
- ✔ 1 EL Guarkernmehl (5 g)
- ✔ 50 g Reisstärke
- ✔ 1 TL Meer- oder Himalajasalz (10 g)
- ● 3 EL Olivenöl
- ● 1 TL Öl (zum Bestreichen des Teiges vor dem Backen)
- ● je 1 EL Sesam, Kürbis- oder Sonnenblumenkerne

Zutaten Einkauf

» kein Einkauf nötig

1. Lauwarmes Wasser in einer Schüssel bereitstellen. Hefe, Essig und Honig oder Reissirup in das Wasser einrühren und so lange stehen lassen, bis die Hefe anfängt zu schäumen.

2. Die verschiedenen Mehle sowie Reisstärke und Salz in einer zweiten Schüssel verrühren.

3. Das Mehlgemisch in das Hefewasser geben und mit den Knethaken eines Rührgerätes 3 Minuten kneten. Das Mehl sollte sich vollständig mit der Flüssigkeit verbunden haben.

4. Öl in den Teig einrühren.

5. Mit geölten Händen aus dem Teig 16 gleiche Brötchen formen und diese dicht nebeneinander und in Form einer Traube angeordnet auf ein mit Backpapier ausgelegtes Backblech setzen.

6. Die Brötchen mit etwas Öl bestreichen und mit unterschiedlichen Kernen, wie z. B. mit Kürbis-, Sonnenblumenkernen und Sesam, bestreuen. Die Teigtraube um 1/3 des Volumens aufgehen lassen.

7. Brötchen im vorgeheizten Backofen auf der unteren Schiene bei 180 °C 30–40 Minuten backen.

● ○ ✔
Erläuterung der Symbole und Einkaufshilfe ab Seite 134

TIPP *Natürlich kann man aus diesem Teig auch einzelne Brötchen oder Fladenbrote backen.*

Stangenbrot mit und ohne Oliven

Zutaten aus dem Vorrat

- ● 450 ml Wasser (lauwarm, ca. 25 °C)
- ✔ 1 Päckchen Werz-Trockenhefe
- ○ 1 EL Apfelessig
- ● 1 EL Honig oder ✔ Reissirup
- ✔ 150 g Reismehl
- ✔ 150 g Hirsemehl
- ✔ 150 g Buchweizenmehl
- ✔ 1 EL Johannisbrotkernmehl (10 g)
- ✔ 1 EL Guarkernmehl (5 g)
- ✔ 50 g Reisstärke
- ● 1 EL Meer- oder Himalajasalz (10 g)
- ● 3 EL Olivenöl
- ✔ 1 EL Buchweizenmehl für die Oliven
- ○ 1 EL Kräuter der Provence
- ● 1 TL Öl (zum Bestreichen des Teiges vor dem Backen)

Zutaten Einkauf

- ○ 50 g Oliven (entsteint, in Lake)

1. Lauwarmes Wasser in einer Schüssel bereitstellen. Hefe, Essig und Honig oder Reissirup in das Wasser einrühren und so lange stehen lassen, bis die Hefe anfängt zu schäumen.

2. Die verschiedenen Mehle sowie Reisstärke und Salz in einer zweiten Schüssel verrühren.

3. Das Mehlgemisch in das Hefewasser geben und mit den Knethaken eines Rührgerätes 3 Minuten kneten. Das Mehl sollte sich vollständig mit der Flüssigkeit verbunden haben.

4. Olivenöl in den Teig einrühren. Mit geölten Händen den Teig in zwei gleich große Stücke teilen. Mit geölten Händen aus einem Teigstück eine Rolle formen. Die Teigrolle auf ein mit Backpapier ausgelegtes Backblech setzen.

5. Oliven abschütten, ggf. klein schneiden und in einem Esslöffel Buchweizenmehl wenden, damit sich die Oliven später besser mit dem Teig verbinden.

6. Unter die andere Teighälfte die Kräuter der Provence und die klein geschnittenen Oliven kneten. Den Teig ebenfalls mit geölten Händen zu einer Rolle formen und diese zu der anderen Rolle auf das Backblech legen.

7. Die Teigstücke mit Öl bestreichen, quer einritzen und um 1/3 des Volumens aufgehen lassen.

8. Die Brote im vorgeheizten Backofen auf der unteren Schiene bei 180 °C für 40 Minuten backen.

TIPP *Teilen Sie den Teig mit geölten Händen in zwei gleich große Stücke und formen Sie zwei Rollen daraus. Schneiden Sie von jeder Teigrolle zwei Zentimeter breite Stücke ab und legen Sie diese nebeneinander auf ein mit Backpapier ausgelegtes Backblech. So erhalten Sie kleine Brötchen nach Ciabatta-Art.*

● ○ ✔
Erläuterung der Symbole und Einkaufshilfe ab Seite 134

Fladenbrot
mit und ohne Käse überbacken

Zutaten aus dem Vorrat

- ● 450 ml Wasser (lauwarm, ca. 25 °C)
- ✔ 1 Päckchen Werz-Trockenhefe
- ○ 1 EL Apfelessig
- ● 1 EL Honig oder ✔ Reissirup
- ✔ 250 g Reismehl
- ✔ 100 g Hirsemehl
- ✔ 100 g Buchweizenmehl
- ✔ 1 EL Johannisbrotkernmehl (10 g)
- ✔ 1 EL Guarkernmehl (5 g)
- ✔ 50 g Reisstärke
- ● 1 TL Meer- oder Himalajasalz (6 g)
- ● 3 EL Olivenöl

Zutaten Einkauf

- ● evtl. 100 g Emmentaler Käse

1. Lauwarmes Wasser in einer Schüssel bereitstellen. Hefe, Essig und Honig oder Reissirup in das Wasser einrühren und so lange stehen lassen, bis die Hefe anfängt zu schäumen.

2. Die verschiedenen Mehle sowie Reisstärke und Salz in einer zweiten Schüssel verrühren.

3. Das Mehlgemisch in das Hefewasser geben und mit den Knethaken eines Rührgerätes 3 Minuten kneten – das Mehl sollte sich vollständig mit dem Wasser verbunden haben.

4. Öl in den Teig einrühren.

5. Mit geölten Händen den Teig in vier gleich große Stücke teilen und diese zu 1 cm dicken, runden Fladen formen und auf ein mit Backpapier ausgelegtes Backblech setzen.

6. Die Fladenbrote um 1/3 des Volumens aufgehen lassen und im vorgeheizten Backofen auf der unteren Schiene bei 180 °C ca. 25–30 Minuten backen.

Zubereitung mit Käse überbacken

1. Emmentaler Käse reiben oder in dünne Scheiben schneiden.

2. Die Fladenbrote im vorgeheizten Backofen bei 180 °C 15 Minuten backen. Die Fladenbrote aus dem Backofen nehmen, mit dem geriebenen Käse belegen und in weiteren 10 Minuten fertig backen.

● ○ ✔
Erläuterung
der Symbole und
Einkaufshilfe
ab Seite 134

Überbackenes Brot
mit Tomaten und Mozzarella

Zutaten aus dem Vorrat

- » 1 Fladenbrot – Grundrezept, siehe Seite 55
- 1 Zwiebel
- 1 TL Olivenöl
- 1 TL Meer- oder Himalajasalz
- ○ Pfeffer aus der Mühle

Zutaten Einkauf

- 1 Bund Basilikum
- 500 g Strauchtomaten
- 125 g Mozzarella (in Salzlake)

1. Fladenbrot nach dem Grundrezept von Seite 55 backen.

2. Das Brot nach dem Auskühlen aufschneiden.

3. Basilikum waschen und klein schneiden.

4. Zwiebeln häuten, in Würfel schneiden und in Öl andünsten.

5. Tomaten putzen, in Würfel schneiden und zu den Zwiebeln geben. Die Tomaten nur 1 Minute dünsten. Mit Salz und Pfeffer würzen.

6. Fladenbrotscheiben auf einem Teller bereitstellen und die Tomatenmasse auf dem Brot verteilen.

7. Mozzarellakugel in dünne Scheiben schneiden und auf die Tomatenmasse legen.

8. Das Tomaten-Mozzarella-Brot im vorgeheizten Backofen auf der mittleren Schiene bei 180 °C 10 Minuten überbacken.

9. Klein geschnittenes Basilikum auf der Tomatenmasse verteilen.

10. Eventuell mit Salz und Pfeffer aus der Mühle nachwürzen.

Burger-Brötchen – Grundrezept

Zutaten aus dem Vorrat

- ● 450 ml Wasser (lauwarm, ca. 25 °C)
- ✔ 1 Päckchen Werz-Trockenhefe
- ○ 1 EL Apfelessig
- ● 1 EL Honig oder ✔ Reissirup
- ✔ 320 g Reismehl
- ✔ 100 g Buchweizenmehl
- ✔ 1 EL Johannisbrotkernmehl (10 g)
- ✔ 1 EL Guarkernmehl (5 g)
- ✔ 80 g Reisstärke
- ● 1 EL Meer- oder Himalajasalz (10 g)
- ● 3 EL Olivenöl

Zutaten Einkauf

» kein Einkauf nötig

1. Lauwarmes Wasser in einer Schüssel bereitstellen. Hefe, Essig und Honig oder Reissirup in das Wasser einrühren und so lange stehen lassen, bis die Hefe anfängt zu schäumen.

2. Die verschiedenen Mehle sowie Reisstärke und Salz in einer zweiten Schüssel verrühren.

3. Das Mehlgemisch in das Hefewasser geben und mit den Knethaken des Rührgerätes 3 Minuten kneten. Das Mehl sollte sich vollständig mit der Flüssigkeit verbunden haben.

4. Öl in den Teig einrühren. Mit geölten Händen aus dem Teig ca. 8 Brötchen formen, auf ein mit Backpapier ausgelegtes Backblech setzen und um 1/3 des Volumens aufgehen lassen.

5. Brötchen im vorgeheizten Backofen auf der unteren Schiene bei 180 °C 25–30 Minuten backen.

● ○ ✔
Erläuterung der Symbole und Einkaufshilfe ab Seite 134

TIPP *Diese Brötchen bilden die Grundlage für unsere vegetarischen Burger-Brötchen-Variationen. Unsere Fotografie zeigt ein aufgeschnittenes Burger-Brötchen mit Salat, einem Bratling und unserem Eier-Kräuter-Dip. Passende Bratlinge finden Sie auf Seite 61 oder ab Seite 85.*

Eier-Kräuter-Dip

Zutaten aus dem Vorrat

- ● 2 Eier
- ● 200 g Crème fraîche
- ○ 2 EL Balsamico bianco
- ● 1 TL Meer- oder Himalajasalz
- ○ ¼ TL Pfeffer

Zutaten Einkauf

- ○ Gewürzgurken, davon 100 g
- ● 1 Bund Petersilie (kraus)
- ● 1 Bund Schnittlauch

1. Eier hart kochen und in kaltem Wasser abkühlen lassen.

2. Gewürzgurken klein schneiden. Petersilie und Schnittlauch fein hacken.

3. Crème fraîche mit Essig, Salz, Pfeffer und den Kräutern verrühren.

4. Die Eier schälen, in kleine Stücke schneiden und unter die Crème-fraîche-Masse rühren.

● ○ ✔
Erläuterung der Symbole und Einkaufshilfe ab Seite 134

TIPP *In Schraubgläser gefüllt hält sich die Chilisoße einige Tage im Kühlschrank.*

Chilisoße

Zutaten aus dem Vorrat

- ● 150 g Zwiebeln
- ● 2 EL Olivenöl
- ● 1 TL Meer- oder Himalajasalz
- ○ 2 EL Tomatenmark
- ● 2 EL Vollrohrzucker
- ○ evtl. Chilipulver

Zutaten Einkauf

- ● 600 g Strauchtomaten
- ● 1 Chilischote (frisch, rot)

1. Zwiebeln häuten, sehr klein schneiden und in Olivenöl etwas andünsten.

2. Tomaten und Chilischote putzen, sehr klein schneiden und zu den Zwiebeln geben.

3. Salz, Tomatenmark und Vollrohrzucker dazugeben und alles 10–15 Minuten köcheln lassen. Falls die Soße nach dieser Zeit noch zu flüssig ist, lässt man sie bis zur gewünschten Beschaffenheit weiterköcheln.

4. Die Soße abschmecken und eventuell mit Chilipulver nachwürzen.

Burger mit Reisbratling und Chilisoße

Zutaten aus dem Vorrat

» 1 Burger-Brötchen – Grundrezept, siehe Seite 58 (ergibt 8 Brötchen)

Reisbratlinge:

- ● 100 g Rundkornreis (Vollkorn)
- ● 50 g Zwiebeln
- ✔ 100 g Reismehl
- ○ ½ TL Gemüsebrühe (gekörnt, hefefrei)
- ● ½ TL Meer- oder Himalajasalz
- ○ ¼ TL Pfeffer
- ● ca. 75 ml Wasser (7 EL Wasser)
- ● 1-2 EL Ghee oder Kokosfett (ungehärtet) zum Braten der Reisbratlinge

Zutaten Einkauf

- ● 1 Kopfsalat

TIPP *Damit die Bratlingmasse nicht anbrennt, sollten Sie diese in einem beschichteten Topf zubereiten.*

1. Brötchen nach dem Grundrezept von Seite 58 backen.

2. Reis waschen und in kochendem Wasser nach Anleitung weich kochen, sodass der Reis nach dem Kochen trocken ist.

3. In der Zwischenzeit die Zwiebeln häuten und sehr klein schneiden.

4. In den gekochten Reis das Reismehl, die klein geschnittenen Zwiebeln und die Gewürze einrühren. Wasser hinzufügen (ca. 75 ml oder 7 EL Wasser) und alles unter Rühren einmal kurz aufkochen lassen, bis sich eine formbare Masse gebildet hat.

5. Ist die Reismasse nach dem Aufkochen zu trocken, geben Sie noch etwas Wasser hinzu. Wenn die Masse zu flüssig ist, geben Sie noch etwas Mehl hinzu.

6. Aus der Reismasse acht gleich große Bratlinge formen (dies geht bei der heißen Masse am besten mit Einmalhandschuhen) und diese in etwas Ghee oder Kokosfett von beiden Seiten goldgelb braten.

7. Ein Burger-Brötchen aufschneiden und die untere Hälfte mit einem großen Blatt vom Kopfsalat und einem Reisbratling belegen.

8. Den Reisbratling mit der Chilisoße bestreichen und mit der oberen Hälfte des Burger-Brötchens bedecken.

Überbackene Brötchen mit Sprossen

Zutaten aus dem Vorrat

- » 1 Burger-Brötchen – Grundrezept, siehe Seite 58 (ergibt 8 Brötchen)
- ● 1 TL Meer- oder Himalajasalz
- ○ ¼ TL Pfeffer

Zutaten Einkauf

- ● 200 g Sprossen (glutenfrei, nach eigener Wahl)
- ● 400 g Strauchtomaten
- ● 200 g Emmentaler Käse

1. Brötchen nach dem Grundrezept von Seite 58 backen. Die Brötchen nach dem Auskühlen aufschneiden.

2. Emmentaler Käse reiben oder in dünne Scheiben schneiden.

3. Tomaten putzen, klein schneiden, mit den Sprossen, den Gewürzen und dem geriebenen Käse mischen und auf den Brötchenhälften verteilen.

4. Im vorgeheizten Backofen auf der mittleren Schiene bei 180 °C 10 Minuten überbacken.

● ○ ✔
Erläuterung der Symbole und Einkaufshilfe ab Seite 134

Überbackene Brötchen mit Champignons

Zutaten aus dem Vorrat

» 1 Burger-Brötchen – Grundrezept, siehe Seite 58 (ergibt 8 Brötchen)
- 1 EL Ghee oder Olivenöl
- 1 TL Meer- oder Himalajasalz
- ○ ¼ TL Pfeffer

Zutaten Einkauf

- 200 g Emmentaler Käse
- 500 g Champignons
- 1 Bund Petersilie (glatt)

1. Brötchen nach Grundrezept von Seite 58 backen. Die Brötchen nach dem Auskühlen aufschneiden.

2. Emmentaler Käse reiben oder in dünne Scheiben schneiden.

3. Champignons putzen, in Scheiben schneiden, in Ghee oder Öl andünsten und würzen. Anschließend die Champignons auf den Brötchenhälften verteilen.

4. Die Petersilie fein hacken, mit dem Käse mischen und auf dem Champignonbrötchen verteilen.

5. Im vorgeheizten Backofen auf der mittleren Schiene bei 180 °C 10 Minuten überbacken.

Überbackene Brötchen mit Paprika-Käse-Kruste

Zutaten aus dem Vorrat

» 1 Burger-Brötchen – Grundrezept, siehe Seite 58 (ergibt 8 Brötchen)

● 100 g Zwiebeln

● 2 EL Olivenöl

● 1 TL Meer- oder Himalajasalz

○ ¼ TL Pfeffer

Zutaten Einkauf

● 4 Paprikaschoten

● 200 g Emmentaler Käse

1. Brötchen nach dem Grundrezept von Seite 58 backen. Die Brötchen nach dem Auskühlen aufschneiden.

2. Zwiebeln häuten, klein schneiden und in Öl andünsten.

3. Paprika putzen, klein schneiden, zu den Zwiebeln geben und 4 Minuten dünsten. Mit Salz und Pfeffer würzen.

4. Emmentaler Käse reiben oder in dünne Scheiben schneiden.

5. Die Paprikamasse auf den Brötchen-Hälften verteilen und mit geriebenem Käse bestreuen.

6. Im vorgeheizten Backofen auf der mittleren Schiene bei 180 °C 10 Minuten überbacken.

● ○ ✔
Erläuterung der Symbole und Einkaufshilfe ab Seite 134

Überbackene Brötchen mit Petersilienkruste

Zutaten aus dem Vorrat

» 1 Burger-Brötchen – Grundrezept, siehe Seite 58 (ergibt 8 Brötchen)

○ 1 TL Salatkräuter

○ Pfeffer aus der Mühle

Zutaten Einkauf

- 200 g Emmentaler Käse
- 2 Bund Petersilie (glatt)

1. Burger-Brötchen nach dem Grundrezept von Seite 58 backen.

2. Die Brötchen nach dem Auskühlen aufschneiden.

3. In der Zwischenzeit den Käse reiben.

4. Petersilie fein hacken und mit dem Käse und den Salatkräutern vermischen.

5. Die Petersilienmasse auf den Brötchenhälften verteilen und im vorgeheizten Backofen auf der mittleren Schiene bei 180 °C 10 Minuten überbacken.

6. Vor dem Servieren Pfeffer aus der Mühle nach Geschmack darübermahlen.

Frühstücksvariationen

Joghurt mit Agavendicksaft und Ananas

Zutaten aus dem Vorrat

- ✔ 2 EL Agavendicksaft

Zutaten Einkauf

- ● 1 Ananas (klein)
- ● 500 g Naturjoghurt

1. Den Joghurt mit dem Agavendicksaft in einer Schüssel glatt rühren.

2. Ananas putzen, klein schneiden und mit dem Joghurt mischen.

TIPP *Anstelle der Ananas können Sie klein geschnittene Datteln verwenden.*

● ○ ✔
Erläuterung der Symbole und Einkaufshilfe ab Seite 134

Powerdrink

Zutaten aus dem Vorrat (für 1 Person)

- 1 Zitrone
- ✔ 1 EL Erdmandelflocken
- ✔ 1 EL Braunhirse (gemahlen)

Zutaten Einkauf (für 1 Person)

- 1 Orange

1. Zitrone und Orange auspressen und den Saft in ein Glas gießen.

2. Erdmandelflocken und Braunhirse hineinrühren und sofort trinken.

TIPP *Ein sättigendes und vitalstoffreiches Frühstücksgetränk.*

Vollkorn-Fertigmüsli

Zutaten aus dem Vorrat (für 1 Person)

- ✔ 2 EL 3-Korn-Mandel-Müsli
- ✔ 1–2 TL Erdmandelflocken
- ● Vollmilch oder Wasser (Menge nach Geschmack)
- ✔ Agavendicksaft nach Geschmack

Zutaten Einkauf (für 1 Person)

- ● 1 Banane
- ● 1 Apfel

1. Müslimischung und Erdmandelflocken in eine Schüssel geben. Vollmilch oder Wasser darübergießen.

2. Banane schälen und in Scheiben schneiden. Apfel waschen, halbieren, Kerngehäuse entfernen und auf einer Reibe grob reiben.

3. Das zerkleinerte Obst zu der Müslimischung geben.

4. Alles gut mischen und ggf. mit Agavendicksaft süßen.

● ○ ✔
Erläuterung der Symbole und Einkaufshilfe ab Seite 134

Flockenmüsli

Zutaten aus dem Vorrat (für 1 Person)

- ✔ 2 EL Reis-, Hirse- oder Buchweizenflocken
- ✔ 1 EL Erdmandelflocken
- ✔ 1 EL Braunhirseflocken
- Vollmilch oder Wasser (Menge nach Geschmack)
- ✔ 1 TL Traubenkernmehl
- 4–6 Walnusskerne

Zutaten Einkauf (für 1 Person)

- Orange oder frisches, saisonales Obst nach Geschmack

1. Flockenmischung in eine Schüssel geben.

2. Vollmilch oder Wasser darübergießen.

3. Orange schälen, in Stücke schneiden und mit dem Walnusskernen und dem Traubenkernmehl zu den Flocken geben.

TIPP *Anstelle von frischem Obst kann man auch glutenfreie, getrocknete Cranberries verwenden.*

ERDMANDELFLOCKEN *Die Erdmandel spendet wertvolles, leicht verdauliches Eiweiß, Mineralstoffe wie Magnesium, Kalium und Calcium sowie Vitamin E. Die Erdmandel enthält Fett mit einem hohen Anteil an ungesättigten Fettsäuren.*

TIPP *Alternativ kann man das Obst auch mit etwas Wasser dünsten, nach Geschmack mit Agavendicksaft süßen und zum Frühstücksbrei geben.*

Noch vitaminreicher wird der Frühstücksbrei, wenn man die Hirse oder den Reis kurz vor der Zubereitung frisch schrotet.

BRAUNHIRSE
Die Braunhirse enthält wertvolle Mineralstoffe wie Magnesium, Zink und Eisen.

● ○ ✔
Erläuterung der Symbole und Einkaufshilfe ab Seite 134

Frühstücksbrei – Grundrezept

Zutaten aus dem Vorrat (für 1 Person)

- ✔ 3 EL Reis- oder Hirsegrieß
- ● 200 ml Vollmilch oder Wasser
- ✔ 1 EL Erdmandelflocken
- ✔ 1 EL Braunhirse (gemahlen)
- ✔ Agavendicksaft nach Geschmack

Zutaten Einkauf (für 1 Person)

- » kein Einkauf nötig

1. Reis- oder Hirsegrieß und Vollmilch oder Wasser unter Rühren 1–2 Minuten aufkochen lassen.

2. Den Topf von der Herdplatte ziehen und den Brei 2–4 Minuten quellen lassen.

3. Den Frühstücksbrei in eine kleine Schüssel füllen.

4. Erdmandelflocken und Braunhirse dazugeben und nach Geschmack mit Agavendicksaft süßen.

Frühstücksbrei mit Obst

Zutaten aus dem Vorrat (für 1 Person)

- » Vorrat siehe Frühstücksbrei – Grundrezept
- ● Walnuss- oder Mandelkerne (zerkleinert) nach Geschmack
- ● evtl. 2 EL Zitronensaft

Zutaten Einkauf (für 1 Person)

- ● frisches, saisonales Obst nach Geschmack

1. Brei nach Grundrezept zubereiten.

2. Obst waschen, klein schneiden und zu dem Frühstücksbrei geben.

3. Zerkleinerte Walnuss- oder Mandelkerne auf dem Obst verteilen.

4. Zitronensaft nach Geschmack darübergießen.

Eierpfannkuchen mit Cranberries

Zutaten aus dem Vorrat

- ✔ 250 g Reismehl
- ● 500 ml Voll- oder Reismilch
- ● 4 Eier
- ● ¼ TL Meer- oder Himalajasalz
- ● Ghee oder Butter (zum Backen der Eierpfannkuchen)

Zutaten Einkauf

- ○ 250 g Cranberries (getrocknet, glutenfrei)

TIPP *Man bekommt schnell einen homogenen Teig, wenn man alle Zutaten in eine Schüssel gibt und mit einem Stabmixer kurz verquirlt.*

1. Mehl, Milch, Eier und Salz in einer Rührschüssel zu einem homogenen Teig verrühren.

2. Den Teig 10 Minuten quellen lassen und Cranberries dazugeben. (Der Teig bleibt sehr flüssig.)

3. In einer Pfanne Ghee oder Butter erhitzen, jeweils 1 Suppenkelle Teig in die Pfanne geben. (Dieses Vorgehen ergibt einen dünnen Pfannkuchen.)

4. Die Pfannkuchen nach und nach und von beiden Seiten bei mittlerer Temperatur goldgelb backen.

5. Die fertigen Pfannkuchen auf Küchenpapier legen (damit das überschüssige Fett vom Papier aufgenommen wird) und warm stellen.

● ○ ✔
Erläuterung der Symbole und Einkaufshilfe ab Seite 134

Pancakes

Zutaten aus dem Vorrat

- 50 g Butter
- 50 g Vollrohrzucker
- 2 Eier
- 150 ml Voll- oder Reismilch
- ✔ 200 g Reismehl
- ✔ 2 TL Weinsteinbackpulver
- Ghee oder Kokosfett (ungehärtet) zum Backen der Pancakes
- ✔ 4 EL Agavendicksaft

Zutaten Einkauf

» kein Einkauf nötig

1. Butter, Zucker und Eier in einer Rührschüssel mit den Quirlen eines Rührgerätes verquirlen. Unter ständigem Rühren Milch, Mehl und Backpulver dazugeben und zu einem glatten Teig verrühren.

2. 1 TL Ghee oder Kokosfett in einer beschichteten Pfanne erhitzen. Mit einem großen Löffel (1 Löffel ergibt 1 Pancake) den Teig in gleichmäßigen Portionen nach und nach in die Pfanne geben und die Pancakes von beiden Seiten goldgelb backen. Die fertigen Pancakes im vorgeheizten Backofen bei 50 °C warm halten.

3. Agavendicksaft gleichmäßig auf den fertigen Pancakes verteilen.

herzhafte Pfannen- & Ofengerichte

„PUTZ"-ABC

In unserem „Putz"-ABC (Seite 14-15) erklären wir, wie man Gemüse, Salate, Kräuter sowie Obst für die jeweiligen Gerichte vorbereitet. Dieser Vorgang wird in den Rezepten mit dem Wort „putzen" beschrieben.

HINWEIS

Benutzen Sie für alle Pfannengerichte eine beschichtete Pfanne. Dadurch benötigen Sie weniger Fett zum Braten der Bratlinge oder Puffer und sie bleiben während des Bratens nicht am Pfannenboden haften.

Apfelmus

Zutaten aus dem Vorrat

- 2 EL Zitronensaft
- ✔ evtl. 1–2 TL Agavendicksaft

Zutaten Einkauf

- 4 Äpfel

1. Äpfel waschen, schälen, vierteln, Kerngehäuse entfernen, mit 4 EL Wasser und dem Zitronensaft bei niedriger Temperatur dünsten, bis sie zerfallen.

2. Die gekochten Äpfel mit einem Stabmixer pürieren und zum Süßen eventuell etwas Agavendicksaft hinzufügen.

● ○ ✔
Erläuterung der Symbole und Einkaufshilfe ab Seite 134

Kartoffelpuffer
mit Apfelmus

Zutaten aus dem Vorrat

- ● 1 kg Kartoffeln
- ● 100 g Zwiebeln
- ● 1 TL Meer- oder Himalajasalz
- ○ ¼ TL Pfeffer
- ○ ⅛ TL Muskatnuss
- ✔ 1 EL Reismehl
- ✔ 1 EL Reisflocken
- ● 1 Ei
- ● 1-2 EL Ghee oder Kokosfett (ungehärtet) pro Bratvorgang für die Kartoffelpuffer

Zutaten Einkauf

» kein Einkauf nötig

TIPP *Das Ei kann kann auch durch einen Esslöffel Johannisbrotkernmehl ersetzt werden.*

1. Kartoffeln schälen und fein reiben.

2. Zwiebeln schälen und fein würfeln.

3. Die Zwiebelwürfel mit den Gewürzen, Reismehl und Reisflocken sowie Ei zu der Kartoffelmasse geben. Alles gut verrühren.

4. Ghee oder Kokosfett in einer Pfanne erhitzen. Mit einem großen Löffel (1 Löffel ergibt einen Puffer) den Teig in gleichmäßigen Portionen in die Pfanne geben und die Puffer von beiden Seiten goldgelb braten.

Möhrensalat

Zutaten aus dem Vorrat

Für das Dressing:

- ● 4 EL Sonnenblumenöl
- ● 2 EL Zitronensaft
- ● 1 TL Meer- oder Himalajasalz
- ○ ¼ TL Pfeffer
- ✔ Agavendicksaft nach Geschmack

Zutaten Einkauf

- ● 500 g Möhren
- ● 3 Äpfel

1. Möhren und Äpfel waschen, schälen und auf einer Gemüsereibe grob reiben.

2. Ein Dressing aus den angegebenen Zutaten erstellen und in einer Schüssel mit den Möhren mischen.

● ○ ✔
Erläuterung der Symbole und Einkaufshilfe ab Seite 134

Zucchinipuffer mit Kräutercreme

Zutaten aus dem Vorrat

- ● 400 g Kartoffeln
- ✔ 6 EL Hirseflocken
- ✔ 1 EL Johannisbrotkernmehl
- ● 2 TL Meer- oder Himalajasalz
- ○ 1 TL Gemüsebrühe (gekörnt, hefefrei)
- ○ ⅛ TL Muskatnuss
- ● 1 EL Ghee pro Bratvorgang für die Zucchinipuffer

Zutaten Einkauf

- ● 350 g Zucchini

1. Kartoffeln waschen, schälen und grob reiben. Zucchini putzen und grob reiben.

2. Hirseflocken und Johannisbrotkernmehl sowie Salz, Gemüsebrühe und Muskatnuss mit dem Gemüse mischen und 5 Minuten quellen lassen.

3. Ghee in einer Pfanne erhitzen.

4. Mit einem großen Löffel (1 Löffel ergibt einen Puffer) den Teig in gleichmäßigen Portionen nach und nach in die Pfanne geben und die Puffer von beiden Seiten bei mittlerer Temperatur goldgelb braten.

Kräutercreme

Zutaten aus dem Vorrat

- ● 200 g Crème fraîche
- ● 2 EL Leinöl
- ○ 2 EL Balsamico bianco
- ● 1 TL Meer- oder Himalajasalz
- ○ ¼ TL Pfeffer

Zutaten Einkauf

- ● 1 Bund Petersilie (glatt)

1. Petersilie fein hacken.

2. Für die Kräutercreme alle angegebenen Zutaten und die Petersilie verrühren.

Gemüsepuffer

Zutaten aus dem Vorrat

- ● 250 g Kartoffeln
- ✔ 6 EL Hirseflocken
- ✔ 1 EL Johannisbrotkernmehl
- ● 2 TL Meer- oder Himalajasalz
- ○ 1 TL Gemüsebrühe (gekörnt, hefefrei)
- ○ ⅛ TL Muskatnuss
- ● 1 EL Ghee oder Olivenöl pro Bratvorgang für die Gemüsepuffer

Zutaten Einkauf

- ● 250 g Möhren
- ● 250 g Knollensellerie

1. Kartoffeln, Möhren sowie Knollensellerie waschen, putzen und auf einer Gemüsereibe grob reiben.

2. Hirseflocken, Johannisbrotkernmehl, Salz und gekörnte Gemüsebrühe mit dem Gemüse mischen und 5 Minuten quellen lassen.

3. Ghee oder Olivenöl in einer Pfanne erhitzen. Mit einem großen Löffel (1 Löffel ergibt einen Puffer) Teig in gleichmäßigen Portionen nach und nach in die Pfanne geben und bei mittlerer Temperatur goldgelb braten.

● ○ ✔
Erläuterung der Symbole und Einkaufshilfe ab Seite 134

Pflücksalat mit Mangodressing

Zutaten aus dem Vorrat

Für das Dressing:

- 2 EL Naturjoghurt
- ✔ 1 EL Agavendicksaft
- 1 EL Zitronensaft
- 1 TL Meer- oder Himalajasalz
- ○ ⅛ TL Chilipulver

Zutaten Einkauf

- 200 g Pflücksalat

Für das Dressing:

- 1 Mango (vollreif)

1. Pflücksalat waschen, verlesen, trocken schleudern und in mundgerechte Stücke zupfen. Portionsweise in Salatschälchen verteilen.

2. Die Mango schälen. Das Mangofruchtfleisch vom Kern abschneiden und mit Joghurt, Agavendicksaft, Zitronensaft und den Gewürzen in ein hohes Gefäß geben, mit einem Stabmixer pürieren und esslöffelweise auf dem Salat verteilen.

Möhrengemüse

Zutaten aus dem Vorrat

- 100 g Zwiebeln
- 1 EL Butter
- 4 EL Wasser
- 1 TL Meer- oder Himalajasalz
- 1 EL Honig

Zutaten Einkauf

- 1 kg Möhren
- 1 Apfel

1. Möhren putzen und in Scheiben schneiden.

2. Die Zwiebeln schälen und in Würfel schneiden.

3. In einem Kochtopf Butter erhitzen und die Zwiebeln darin 3–5 Minuten dünsten.

4. Apfel waschen, vierteln, dünn schälen und das Kerngehäuse entfernen. Den Apfel in kleine Stücke schneiden und mit den Möhrenscheiben, etwas Wasser und Salz zu den Zwiebeln geben.

5. Das Gemüse 20 Minuten köcheln lassen.

6. Honig in das Möhrengemüse einrühren.

● ○ ✔
Erläuterung der Symbole und Einkaufshilfe ab Seite 134

Hirsebratlinge mit Möhrengemüse

Zutaten aus dem Vorrat

- ✔ 150 g Hirse (ganze Körner)
- ● 600 ml Wasser
- ✔ 150 g Hirsemehl
- ○ 1 TL Gemüsebrühe (gekörnt, hefefrei)
- ● 1 TL Meer- oder Himalajasalz
- ○ ¼ TL Pfeffer
- ● 1 EL Ghee pro Bratvorgang für die Hirsebratlinge

Zutaten Einkauf

- ● 100 g Porree
- ● 200 g Möhren
- ● 1 Bund Petersilie (glatt), davon die Hälfte

TIPP *Wenn man keine Einmalhandschuhe zur Verfügung hat, kann man auch einen kochfesten Gefrierbeutel über die Hand streifen, um die heiße Masse mit den anderen Zutaten zu vermischen.*

1. Hirse waschen und in 600 ml kochendem Wasser 20 Minuten weich kochen.

2. In der Zwischenzeit Porree putzen und fein schneiden. Möhren putzen und auf einer Gemüsereibe fein reiben.

3. Petersilie fein hacken.

4. In die gekochte Hirse das Hirsemehl einstreuen. Porreestreifen, Möhren und Gewürze dazugeben, kurz aufkochen und 10 Minuten quellen lassen. Nach dem Quellen Petersilie dazugeben – etwas abkühlen lassen – und kräftig durchkneten. (Dies geht bei der heißen Masse am besten mit Einmalhandschuhen.)

5. Aus der Hirsemasse Klöße formen, diese flach drücken und in Ghee in einer Pfanne nach und nach goldgelb braten.

Tomatensalat

Zutaten aus dem Vorrat

Für das Dressing:

- ● 4 EL Sonnenblumenöl
- ○ 2 EL Balsamico bianco
- ● 1 TL Meer- oder Himalajasalz
- ○ Pfeffer aus der Mühle

Zutaten Einkauf

- ● 500 g Strauchtomaten
- ● 1 Bund Petersilie (glatt)

1. Tomaten putzen, in Scheiben schneiden und in einer Schüssel anrichten.

2. Petersilie abzupfen und zu den Tomaten geben.

3. Aus den angegebenen Zutaten ein Dressing herstellen, über den Salat gießen und alles gut miteinander mischen.

4. Pfeffer aus der Mühle nach Geschmack darübermahlen.

● ○ ✔
Erläuterung der Symbole und Einkaufshilfe ab Seite 134

Kartoffelbratlinge mit Tomatensalat

Zutaten aus dem Vorrat

- 400 g Kartoffeln
- 100 g Polenta
- 200 ml Gemüsebrühe (gekörnt, hefefrei)
- 1 TL Meer- oder Himalajasalz
- 100 g Zwiebeln
- 1 TL Ghee oder Kokosfett (ungehärtet)
- 1 EL Ghee oder Kokosfett (ungehärtet) pro Bratvorgang für die Kartoffelbratlinge

Zutaten Einkauf

- 1 Hokkaidokürbis, davon 200 g

TIPP *Vom restlichen Kürbis können Sie ein Kürbischutney herstellen, Rezept dazu siehe Seite 131.*

1. Kartoffeln schälen, waschen und in Salzwasser gar kochen.

2. Polenta in die kochende Gemüsebrühe einrieseln lassen, mit Salz würzen und zum Quellen von der Herdplatte ziehen.

3. Zwiebeln häuten, klein schneiden und in Ghee oder Kokosfett andünsten.

4. Hokkaidokürbis halbieren, die Kerne und das faserige Fruchtfleisch entfernen. (Den Hokkaido-kürbis kann man mit der Schale kochen.)

5. Von dem Kürbis 200 g in kleine Stücke schneiden, zu den Zwiebeln geben und alles 5 Minuten dünsten.

6. Gegarte Kartoffeln abgießen und mit dem Kartoffelstampfer einmal durchstampfen. Die Polentamasse und die Hokkaidokürbis-Stücke zu den Kartoffeln geben – etwas abkühlen lassen – und kräftig durchkneten. (Dies geht bei der heißen Masse am besten mit Einmalhandschuhen.)

7. Aus der Kartoffelmasse Klöße formen, diese flach drücken und in einer Pfanne in etwas Ghee oder Kokosfett nach und nach bei mittlerer Temperatur goldgelb braten.

Kartoffelsalat mit Kräutern

Zutaten aus dem Vorrat

● 800 g Kartoffeln

Für das Dressing:

● 150 g Naturjoghurt

● 200 g Crème fraîche

● 2 TL Meer- oder Himalajasalz

○ 4 EL Balsamico bianco

○ Pfeffer aus der Mühle

Zutaten Einkauf

● 1 Bund Dill

● 1 Bund Schnittlauch

● 1 Salatgurke, davon die Hälfte

1. Kartoffeln waschen und für ca. 20–30 Minuten in Salzwasser gar kochen.

2. Anschließend abgießen, mit kaltem Wasser abschrecken und schälen. Die Kartoffeln etwas abkühlen lassen, in Scheiben schneiden und in eine Salatschüssel geben.

3. Dill und Schnittlauch fein hacken. Salatgurke waschen, halbieren und eine Hälfte in dünne Scheiben schneiden. Gurkenscheiben mit den Kräutern zu den Kartoffeln geben.

4. Dressing aus den angegebenen Zutaten herstellen und dazugeben. Pfeffer aus der Mühle nach Geschmack über den Salat mahlen. Alles eine halbe Stunde ziehen lassen.

5. Den Kartoffelsalat vor dem Servieren abschmecken und eventuell noch einmal nachwürzen.

● ○ ✔
Erläuterung der Symbole und Einkaufshilfe ab Seite 134

Buchweizenbratlinge

Zutaten aus dem Vorrat

- 100 g Zwiebeln
- 1 TL Olivenöl
- ✔ 125 g Buchweizen (ganze Körner)
- 500 ml Wasser
- ✔ 125 g Buchweizenmehl
- 1 TL Meer- oder Himalajasalz
- ○ ¼ TL Pfeffer
- ○ 1 TL Gemüsebrühe (gekörnt, hefefrei)
- 1 EL Ghee pro Bratvorgang für die Buchweizenbratlinge

Zutaten Einkauf

- 1 Bund Petersilie (glatt), davon die Hälfte

1. Zwiebeln häuten, klein schneiden und in Olivenöl andünsten.

2. Petersilie fein hacken.

3. Ganze Buchweizenkörner waschen und in 500 ml Wasser 20 Minuten köcheln lassen.

4. Danach Buchweizenmehl, Salz, Pfeffer und gekörnte Gemüsebrühe sowie die gedünsteten Zwiebeln dazugeben, kurz aufkochen und 10 Minuten quellen lassen.

5. Nach dem Quellen Petersilie dazugeben – etwas abkühlen lassen – und kräftig durchkneten. (Dies geht bei der heißen Masse am besten mit Einmalhandschuhen.)

6. Aus der Buchweizenmasse Klöße formen, diese flach drücken und in einer Pfanne in Ghee nach und nach bei mittlerer Temperatur goldgelb braten.

Reisbratlinge mit Chilisoße

Zutaten aus dem Vorrat

● 150 g Rundkornreis (Vollkorn)

✔ 150 g Reismehl

● ca. 100 ml Wasser

○ 1 TL Gemüsebrühe (gekörnt, hefefrei)

● 1 TL Meer- oder Himalajasalz

○ ¼ TL Chilipulver

● 1 EL Ghee pro Bratvorgang für die Reisbratlinge

Zutaten Einkauf

● 1 Paprikaschote

● 250 g Champignons

● 1 Bund Petersilie (glatt), davon die Hälfte

1. Reis waschen und in kochendem Wasser nach Anleitung weich kochen, sodass der Reis nach dem Kochen trocken ist.

2. In der Zwischenzeit die Paprikaschote und Pilze putzen, alles sehr klein schneiden und die Petersilie fein hacken.

3. In den gekochten Reis das Reismehl, das klein geschnittene Gemüse, Petersilie und die Gewürze einrühren. So viel Wasser hinzugeben (ca. 100 ml), dass die Masse formbar wird – etwas abkühlen lassen – und kräftig durchkneten. (Dies geht bei der heißen Masse am besten mit Einmalhandschuhen.)

4. Aus der Reismasse Klöße formen, diese flach drücken und in Ghee in einer Pfanne nach und nach goldgelb braten.

TIPP *Ein sehr schnelles Gericht, wenn man gekochten Reis übrig hat.*

Das Rezept für die Chilisoße finden Sie auf Seite 60

● ○ ✔ Erläuterung der Symbole und Einkaufshilfe ab Seite 134

Gurkensalat *klassisch*

Zutaten aus dem Vorrat

Für das Dressing:

- ● 200 ml Schlagsahne
- ○ 2 EL Balsamico bianco
- ● ½ TL Meer- oder Himalajasalz
- ○ ½ TL Kräutersalz
- ○ ¼ TL Pfeffer

Zutaten Einkauf

- ● 1 Salatgurke
- ● 1 Bund Dill

1. Aus den angegebenen Zutaten in einer Salatschüssel ein Dressing herstellen.

2. Die Gurke waschen, schälen und in dünne Streifen schneiden oder grob hobeln und zum Dressing geben .

3. Dill grob hacken und nach Geschmack zu den Gurken geben.

4. Alles miteinander mischen.

● ○ ✔
Erläuterung der Symbole und Einkaufshilfe ab Seite 134

Ananas-Mango-Chutney

Zutaten aus dem Vorrat

- ● 100 g Zwiebeln
- ● 1 EL Butter
- ✔ 2 EL Agavendicksaft
- ● 2 EL Zitronensaft

Zutaten Einkauf

- ● 1 Mango (vollreif)
- ● 1 Ananas (klein)
- ● 1 Chilischote (frisch, rot)

TIPP *Füllen Sie die Masse heiß in Schraubgläser. So hält sich das Chutney einige Tage im Kühlschrank.*

1. Die Zwiebeln häuten, in kleine Stücke schneiden und in Butter andünsten.

2. Ananas putzen und in kleine Stücke schneiden. Die Mango schälen, das Fruchtfleisch, so weit es geht, vom Kern abtrennen und in kleine Stücke schneiden. Die Chilischote aufschneiden, halbieren, die Kerne und das helle Fruchtfleisch entfernen.
In sehr feine Streifen schneiden.

3. Mango- und Ananasstücke sowie Agavendicksaft und klein geschnittene Chilischote mit Zitronensaft zu den Zwiebeln geben und alles 30–40 Minuten köcheln lassen.

4. Das Chutney abschmecken. Für einen noch schärferen Geschmack Chilipulver hinzufügen.

Panierter Camembert mit Pflücksalat

Zutaten aus dem Vorrat

- 1 Ei
- ✔ ca. 5 EL Vollkornbrösel (Paniermehl)
- 1 EL Ghee oder Kokosfett (ungehärtet) pro Bratvorgang für den panierten Camembert

Für das Dressing:

- 200 g Schlagsahne
- ○ 2 EL Balsamico bianco
- 1 TL Meer- oder Himalajasalz
- ○ ¼ TL Pfeffer

Zutaten Einkauf

- 200 g Pflück- oder Blattsalat
- ○ 4 Stück runder Camembert (à 125 g)

TIPP *Anstelle von Vollkornbröseln können Sie den Camembert auch mit Sesam panieren.*

1. Pflück- oder Blattsalat waschen und trocken schleudern.

2. Aus Sahne und den angegebenen Zutaten das Salatdressing herstellen.

3. Ein Ei auf einem Teller verquirlen.

4. Vollkornbrösel auf einem Teller bereitstellen.

5. Jeden Camembert zuerst in Ei und dann in Vollkornbröseln wenden und in Ghee oder Kokosfett von beiden Seiten bei mittlerer Temperatur goldgelb braten.

6. Den Salat portionsweise auf Teller verteilen und mit dem gebackenen Camembert und Ananas–Mango–Chutney servieren.

Erläuterung
der Symbole und
Einkaufshilfe
ab Seite 134

Panierte Selleriescheiben mit Spiegelei

Zutaten aus dem Vorrat

- ● 1 l Wasser
- ● Meer- oder Himalajasalz und
  ○ Pfeffer zum Würzen der Selleriescheiben
- ● 5 Eier
- ✔ ca. 5 EL Vollkornbrösel (Paniermehl)
- ● 1 EL Ghee pro Bratvorgang für die Selleriescheiben
- ● Ghee oder Butter zum Braten der Eier

Zutaten Einkauf

- ● 800 g Knollensellerie

TIPP *Alternativ können Sie die panierten Selleriescheiben auch mit in Scheiben geschnittenen Tomaten und Mozzarella überbacken.*

1. Sellerie in 1 cm dicke Scheiben schneiden, schälen und in Salzwasser 5 Minuten bissfest kochen.

2. Die Selleriescheiben mit dem Schöpflöffel aus dem Wasser nehmen, trocken tupfen, salzen und pfeffern.

3. Ein Ei auf einem Teller verquirlen. Vollkornbrösel auf einem weiteren Teller bereitstellen.

4. Die Selleriescheibe zuerst in Ei und dann in Vollkornbröseln wenden und in Ghee nach und nach goldgelb braten.

5. Vier Spiegeleier in einer Pfanne bei mittlerer Hitze in etwas Ghee oder Butter braten.

6. Je eine gebratene Selleriescheibe mit einem Spiegelei servieren.

Panierte Sellerieschelben

mit Ananas und Käse überbacken

Zutaten aus dem Vorrat

- ● 1 l Wasser
- ● 1 EL Meer- oder Himalajasalz
- ● Meer- oder Himalajasalz und
- ○ Pfeffer zum Würzen der Selleriescheiben
- ● 1 Ei
- ✔ ca. 5 EL Vollkornbrösel (Paniermehl)
- ● Ghee oder Kokosfett (ungehärtet) zum Braten der Selleriescheiben

Zutaten Einkauf

- ● 800 g Knollensellerie
- ● 1 Ananas, davon 4 Scheiben
- ● 4 Scheiben Gouda

1. Sellerie in 1 cm dicke Scheiben schneiden. Die Selleriescheiben schälen und in Wasser und Salz 10 Minuten bissfest kochen.
Die Selleriescheiben mit dem Schöpflöffel aus dem Wasser nehmen, trocken tupfen, salzen und pfeffern.

2. Ei auf einem Teller verquirlen. Vollkornbrösel auf einem weiteren Teller bereitstellen. Jede Selleriescheibe zuerst in Ei und dann in Vollkornbröseln wenden und in Ghee oder Kokosfett goldgelb braten.

3. Ananas in Scheiben aufschneiden. Die Ananasscheiben schälen und den Strunk aus der Mitte herausschneiden.

4. Die panierten Selleriescheiben auf ein mit Backpapier ausgelegtes Backblech legen. Jede Selleriescheibe mit einer Scheibe Ananas und einer Scheibe Gouda belegen.

5. Alles im Backofen bei 180 °C überbacken, bis der Käse anfängt zu zerlaufen.

● ○ ✔
Erläuterung der Symbole und Einkaufshilfe ab Seite 134

Kohlrabischeiben

mit Petersilien-Käse-Kruste

Zutaten aus dem Vorrat

- 1 l Wasser
- 1 TL Meer- oder Himalajasalz
- Meer- oder Himalajasalz und
- ○ Pfeffer zum Würzen der Kohlrabischeiben
- ○ ½ TL Kräutersalz

Zutaten Einkauf

- 1–2 Kohlrabiknollen, ca. 450 g
- 100 g Emmentaler Käse
- 1 Bund Petersilie (glatt)

1. Kohlrabiknollen in 1 cm dicke Scheiben schneiden, die Scheiben schälen und in Salzwasser 5 Minuten bissfest kochen. Die Kohlrabischeiben mit dem Schöpflöffel aus dem Wasser nehmen, trocken tupfen, salzen und pfeffern.

2. Käse grob reiben.

3. Blattpetersilie grob hacken und mit dem Käse und dem Kräutersalz vermischen.

4. Die Petersilienmasse auf den Kohlrabischeiben verteilen und im vorgeheizten Backofen bei 180 °C 10 Minuten überbacken.

● ○ ✔
Erläuterung
der Symbole und
Einkaufshilfe
ab Seite 134

Gebackener Fetakäse mit Kräuterpanade

Zutaten aus dem Vorrat

- 6 EL Olivenöl
- Meer- oder Himalajasalz
- Pfeffer aus der Mühle

Zutaten Einkauf

- 800 g Fetakäse (in Salzlake)
- Salbei (frisch, abgezupft), davon 4 EL
- Thymian (frisch, abgezupft), davon 4 EL
- Rosmarin (frisch, geschnitten), davon 4 EL

1. Pro Person 200 g Fetakäse auf ein größeres Stück Alufolie legen, sodass man den Käse damit einwickeln kann.

2. Jedes Stück mit Olivenöl beträufeln, salzen, pfeffern und mit 3 EL gemischten Kräutern (Salbei, Thymian, Rosmarin) bestreuen.

3. Die Alufolie verschließen, die Päckchen auf ein Backblech legen und für 25 Minuten bei 180 °C im Backofen backen.

4. Alufolie öffnen, die Fetastücke herausnehmen, portionsweise mit einem frischen Salat servieren.

TIPP *Im Sommer kann man die eingewickelten Fetastücke auch auf den Holzkohlegrill legen.*

Blatt- & Gemüsesalate

„PUTZ"-ABC

In unserem „Putz"-ABC (Seite 14-15) erklären wir, wie man Gemüse, Salate, Kräuter sowie Obst für die jeweiligen Gerichte vorbereitet. Dieser Vorgang wird in den Rezepten mit dem Wort „putzen" beschrieben.

TIPP *Den Salat erst kurz vor dem Servieren vorsichtig mischen.*

GEHEIMTIPP *Wer die Sahnesoße etwas süßer mag, fügt nach Bedarf Agavendicksaft hinzu.*

● ○ ✔
Erläuterung der Symbole und Einkaufshilfe ab Seite 134

Pflücksalat
mit Radieschen

Zutaten aus dem Vorrat

Für das Dressing:

- 200 g Schlagsahne
- 2 EL Balsamico bianco
- 1 TL Meer- oder Himalajasalz
- ¼ TL Pfeffer

Zutaten Einkauf

- 200 g Pflücksalat
- 1 Bund Schnittlauch
- 1 Bund Radieschen

1. Salat waschen, verlesen, trocken schleudern und in mundgerechte Stücke zupfen.

2. Schnittlauch in kleine Röllchen schneiden. Radieschen putzen und in dünne Scheiben schneiden.

3. Dressing aus den angegebenen Zutaten herstellen.

4. Salatblätter und Radieschen in eine Schüssel geben, das Dressing und die Schnittlauchröllchen über dem Salat verteilen.

Balsamicocreme

Zutaten aus dem Vorrat

- ● 6 EL Sonnenblumenöl
- ○ 3 EL Balsamico bianco
- ● 1 TL Meer- oder Himalajasalz

Zutaten Einkauf

- ○ Zuckerrübensirup, davon 2 EL

1. Alle Zutaten für die Balsamicocreme in ein hohes Gefäß geben und mit einem Stabmixer verquirlen. (Dadurch erhält das Dressing seine homogene Beschaffenheit.)

2. Das Dressing esslöffelweise auf dem Salat verteilen.

● ○ ✔
Erläuterung der Symbole und Einkaufshilfe ab Seite 134

Rucolasalat

mit Balsamicocreme

Zutaten aus dem Vorrat

- ca. 80 g Walnusskerne
- ○ Pfeffer aus der Mühle

Zutaten Einkauf

- 200 g Rucola
- 50 g Parmesan

1. Rucola waschen, trocken schleudern, in mundgerechte Stücke zupfen und portionsweise auf flachen Salattellern verteilen.

2. Parmesan reiben.

3. Walnusskerne und geriebenen Parmesan auf dem Rucola verteilen.

4. Pfeffer aus der Mühle nach Geschmack darübermahlen.

Feldsalat mit Kartoffeldressing

Zutaten aus dem Vorrat

Für das Dressing:

- ● 1 Kartoffel, ca. 80 g
- ● 1 TL Butter
- ● 4 EL Sonnenblumenöl
- ○ 2 EL Balsamico bianco
- ● 1 TL Meer- oder Himalajasalz
- ○ ¼ TL Pfeffer

Zutaten Einkauf

- ● 200 g Feldsalat

1. Feldsalat waschen, trocken schleudern und portionsweise auf Teller verteilen.

2. Kartoffel schälen, kochen und noch warm mit einer Gabel in der Butter fein zerdrücken.

3. Ein Dressing aus den übrigen Zutaten herstellen und mit der Kartoffel-Butter-Masse zu einer homogenen Soße verrühren.

4. Das Dressing über dem Feldsalat verteilen und zu Kartoffelbratlingen servieren.

TIPP *Dieses Dressing stellt man am besten her, wenn ein Kartoffelgericht als Beilage serviert wird, da es unwirtschaftlich ist, nur eine Kartoffel zu kochen.*

● ○ ✔
Erläuterung der Symbole und Einkaufshilfe ab Seite 134

Feldsalat mit Orangendressing

Zutaten aus dem Vorrat

- ● 1 EL Olivenöl

Für das Dressing:

- ● 4 EL Olivenöl
- ○ 2 EL Balsamico bianco
- ● ½ TL Meer- oder Himalajasalz
- ○ ¼ TL Pfeffer

Zutaten Einkauf

- ● 200 g Feldsalat
- ● 2 Orangen
- ● 2 Zwiebeln (rot)

1. Feldsalat waschen, trocken schleudern und portionsweise auf Teller verteilen. Orangen schälen, die einzelnen Schnitze herauslösen.

2. Zwiebeln häuten, vierteln und kurz in Olivenöl anbraten.

3. Das Dressing aus den angegebenen Zutaten herstellen.

4. Die Orangenschnitze, das Dressing und die warmen Zwiebeln nacheinander auf dem Feldsalat verteilen und sofort servieren.

TIPP *Servieren Sie den Salat mit den lauwarmen Zwiebeln, dadurch entfaltet sich das besondere Geschmackserlebnis.*

Chinakohl mit Fruchtdressing

Zutaten aus dem Vorrat

Für das Dressing:

● 200 g Crème fraîche
○ 2 EL Balsamico bianco
● 1 TL Meer- oder Himalajasalz
○ ¼ TL Pfeffer
○ 1 gehäufter TL Senf (mittelscharf)

Zutaten Einkauf

● 1 Chinakohl (klein)
● 1 Banane
● 3 Orangen

1. Chinakohl putzen und ihn in feine Streifen schneiden.

2. Die Banane und 2 Orangen schälen, klein schneiden und in ein hohes Rührgefäß geben.

3. Alle Zutaten für das Dressing dazugeben und mit einem Stabmixer pürieren.

4. Das Dressing über den Salat geben und alles gut mischen.

5. Die verbliebene Orange schälen, in kleine Stücke schneiden und auf dem Salat verteilen.

● ○ ✔
Erläuterung der Symbole und Einkaufshilfe ab Seite 134

Weißkohlsalat

mit Joghurtdressing

Zutaten aus dem Vorrat

Für das Dressing:

- 300 g Naturjoghurt
- 2 TL Meer- oder Himalajasalz
- 2 EL Balsamico bianco
- ¼ TL Pfeffer
- 2 TL Salatkräuter (getrocknet)

Zutaten Einkauf

- 1 Weißkohl (klein)

1. Weißkohl putzen und in sehr feine Streifen schneiden.

2. Ein Dressing aus den angegebenen Zutaten erstellen und in einer großen Schüssel mit dem Weißkohl mischen.

TIPP *Der Weißkohlsalat eignet sich hervorragend als Füllung für unsere Pfannkuchen und unsere vegetarischen Burger.*

Rohkostplatte mit Wurzelgemüse

Zutaten aus dem Vorrat

Für das Dressing:

- ● 8 EL Sonnenblumenöl
- ○ 4 EL Balsamico bianco
- ● 100 ml Wasser
- ● 1 TL Meer- oder Himalajasalz
- ○ 1 TL Kräutersalz
- ○ ½ TL Pfeffer

Zutaten Einkauf

- ● 200 g Möhren
- ● 200 g Kohlrabi
- ● 200 g Rettich (schwarz)
- ● 200 g Knollensellerie

1. Das Gemüse putzen und auf einer Gemüsereibe grob reiben.

2. Für das Dressing alle angegebenen Zutaten verrühren und in eine Sauciere füllen.

3. Das geraspelte Gemüse auf einer Platte anrichten. Das Dressing zu der Gemüseplatte stellen, sodass sich jeder seine eigene Salatkombination und eigene Menge Salatsoße zusammenstellen kann.

TIPP *Wer gern verschiedene Salatsoßen mag, stellt noch ein Joghurtdressing dazu her, siehe Seite 109.*

● ○ ✔
Erläuterung der Symbole und Einkaufshilfe ab Seite 134

Sauerkrautsalat

Zutaten aus dem Vorrat

- ● 4 EL Sonnenblumenöl
- ✔ 1 EL Agavendicksaft
- ○ Pfeffer aus der Mühle
- ● 50 g Walnussbruch

Zutaten Einkauf

- ○ 500 g Sauerkraut
- ● 1 Ananas, davon 250 g

1. Sauerkraut in eine Schüssel geben.

2. Ananas putzen und in kleine Stücke schneiden und zum Sauerkraut geben.

3. Öl und Agavendicksaft dazugeben und Pfeffer nach Geschmack darübermahlen.

4. Grob zerkleinerte Walnusskerne darüber verteilen und alles gut mischen.

TIPP *Ein vitaminreicher Wintersalat und ein Genuss für Sauerkrautliebhaber.*

Blumenkohlsalat

Zutaten aus dem Vorrat

- ● 1 l Wasser
- ● 1 TL Meer- oder Himalajasalz

Für das Dressing:

- ● 6 EL Walnussöl
- ○ 3 EL Balsamico bianco
- ● 1 TL Meer- oder Himalajasalz
- ○ ¼ TL Pfeffer

Zutaten Einkauf

- ● 1 Blumenkohl
- ● 1 Bund Schnittlauch
- ● 1 Bund Petersilie (glatt)

1. Blumenkohl waschen und kleine Röschen herausschneiden. Blumenkohlröschen 3–5 Minuten in kochendem Salzwasser blanchieren, danach mit dem Schaumlöffel herausheben, kurz mit kaltem Wasser abschrecken, gut abtropfen lassen und in einer Schüssel bereitstellen. (Die Röschen sollten nach dem Blanchieren noch bissfest sein.)

2. Für das Dressing alle Zutaten verrühren und vorsichtig mit dem Blumenkohl mischen.

3. Kräuter fein hacken.

4. Dressing und Kräuter zu dem Blumenkohl geben und gut vermischen.

TIPP *Mit erntefrischem Blumenkohl eine Köstlichkeit.*

● ○ ✔
Erläuterung der Symbole und Einkaufshilfe ab Seite 134

Brokkolisalat

Zutaten aus dem Vorrat

- 1 l Wasser
- 1 TL Meer- oder Himalajasalz

Für das Dressing:

- 150 g Naturjoghurt
- ○ 2 EL Mayonnaise (selbst gemacht, siehe Seite 132)
- 2 EL Zitronensaft
- ○ ¼ TL Pfeffer
- Meer- oder Himalajasalz (zum Nachwürzen)

Zutaten Einkauf

- 1 kg Brokkoli

1. Brokkoli waschen und kleine Röschen herausschneiden. Brokkoliröschen 3–5 Minuten in kochendem Salzwasser blanchieren, danach mit dem Schaumlöffel herausheben, kurz mit kaltem Wasser abschrecken, gut abtropfen lassen und in einer Schüssel bereitstellen. (Die Röschen sollten nach dem Blanchieren bissfest sein.)

2. Brokkoli mit kaltem Wasser abschrecken, gut abtropfen lassen und in einer Schüssel bereitstellen.

3. Für das Dressing alle Zutaten verrühren und vorsichtig mit dem Brokkoli mischen.

4. Den Salat vor dem Servieren abschmecken und eventuell mit Salz nachwürzen.

TIPP *Brühe als Grundlage für eine Suppe verwenden.*

Selleriesalat mit Obst

Zutaten aus dem Vorrat

Für das Dressing:

- ● 2 EL Zitronensaft
- ● 200 ml Schlagsahne
- ✔ 1 EL Agavendicksaft
- ● 1 TL Meer- oder Himalajasalz

- ● 1 Handvoll Walnusskerne

Zutaten Einkauf

- ● 250 g Knollensellerie
- ● 2 Orangen
- ● 2 Äpfel
- ● 1 Ananas, davon 250 g

1. Knollensellerie putzen und auf einer Gemüsereibe grob reiben.

2. Orangen schälen und die Schnitze in kleine Stücke schneiden. Äpfel waschen, halbieren sowie das Kerngehäuse herausschneiden und in kleine Stücke schneiden.

3. Ananas putzen und 250 g in kleine Stücke schneiden.

4. Dressing aus den angegebenen Zutaten in einer Salatschüssel verrühren, geriebene Sellerie und Obststücke dazugeben und mit zerkleinerten Walnüssen bestreuen.

5. Alles gut mischen.

● ○ ✔
Erläuterung der Symbole und Einkaufshilfe ab Seite 134

Käsesalat pikant

Zutaten aus dem Vorrat

Für das Dressing:

- 2 EL Crème fraîche
- 4 EL Sonnenblumenöl
- ○ 2 EL Balsamico bianco
- ○ 2 TL Senf (mittelscharf)

Zutaten Einkauf

- 300 g Greyerzer Käse
- 200 g Porree
- 200 g Cocktailtomaten

1. Für das Dressing alle Zutaten in einer großen Schüssel verrühren.

2. Käse in kleine Würfel oder Stifte schneiden und zum Dressing geben.

3. Porree putzen und in feine Ringe schneiden.

4. Tomaten waschen, halbieren und mit dem Porree zum Käse geben.

5. Alles gut miteinander mischen.

Selleriesalat gekocht

Zutaten aus dem Vorrat

- ● 1 l Wasser
- ● 1 TL Meer- oder Himalajasalz
- ● 100 g Zwiebeln

Für das Dressing:

- ● 6 EL Sonnenblumenöl
- ○ 3 EL Balsamico bianco
- ● 1 TL Meer- oder Himalajasalz
- ○ ¼ TL Pfeffer

Zutaten Einkauf

- ● ca. 1 kg Knollensellerie

TIPP *Dazu schmecken gekochte Salzkartoffeln besonders gut!*

1. Wasser mit Salz zum Kochen bringen.

2. Knollensellerie schälen, in gleichmäßige Stücke schneiden und ca. 20 Minuten bissfest kochen.

3. Durch ein Sieb abschütten (Wasser auffangen und eventuell als Grundlage für eine Suppe verwenden). Sellerie zur Seite stellen und abkühlen lassen.

4. Zwiebel häuten, klein würfeln, in eine Schüssel geben und mit kochendem Wasser überbrühen. Die Zwiebelstücke durch ein Sieb abschütten und abtropfen lassen.

5. Dressing herstellen, mit den Zwiebelstücken zum Sellerie geben und alles gut miteinander mischen.

● ○ ✔
Erläuterung der Symbole und Einkaufshilfe ab Seite 134

Rote-Bete-Salat gekocht

Zutaten aus dem Vorrat

- 1 l Wasser und 1 TL Meer- oder Himalajasalz
- 100 g Zwiebeln

Für das Dressing:

- 6 EL Sonnenblumenöl
- ○ 3 EL Balsamico bianco
- 1½ TL Meer- oder Himalajasalz
- ○ ¼ TL Pfeffer

Zutaten Einkauf

- ca. 1 kg Rote Beten (frisch)

1. Wasser mit Salz zum Kochen bringen.

2. Rote Beten waschen und in kochendem Salzwasser ca. 30 Minuten gar kochen.

3. Wasser abschütten, die Roten Beten wie Pellkartoffeln schälen, in gleichmäßige Scheiben schneiden und in einer Schüssel bereitstellen.

4. Zwiebel häuten, halbieren, in dünne Halbmonde schneiden und zu den Roten Beten geben.

5. Dressing herstellen, zum Salat geben und alles gut miteinander mischen. Den Salat unbedingt etwas durchziehen lassen und eventuell vor dem Servieren nachwürzen.

Gemischter Bohnensalat mit Senfdressing

Zutaten aus dem Vorrat

- ● 4 EL Sonnenblumenöl
- ○ 3 TL Senf (gekörnt)
- ● 1 TL Meer- oder Himalajasalz
- ○ Pfeffer aus der Mühle

Zutaten Einkauf

- ○ 150 g Kidneybohnen oder rote Nierenbohnen (getrocknet)
- ● 500 g Buschbohnen (frisch)
- ● 1 Orange
- ● Thymian (frisch, abgezupft), davon 1 EL

Dieser Salat benötigt etwas Vorbereitungszeit!

1. Rote Bohnen über Nacht in reichlich kaltem Wasser einweichen.

2. Am nächsten Morgen die roten Bohnen nach Packungsanleitung weich kochen.

3. Das Kochwasser abgießen, die Bohnen abspülen und in einer Salatschüssel bereitstellen.

4. Grüne Bohnen putzen und im kochenden Salzwasser 15 Minuten garen. Die Bohnen abgießen und zu den abgekühlten roten Bohnen geben.

5. Orange auspressen, den Saft mit Öl, Senf und Salz verrühren und zu den Bohnen geben. Alles gut miteinander mischen und mit abgezupftem Thymian bestreuen.

6. Vor dem Servieren Pfeffer aus der Mühle nach Geschmack darübermahlen.

● ○ ✔
Erläuterung der Symbole und Einkaufshilfe ab Seite 134

Gemischter Paprikasalat

Zutaten aus dem Vorrat

Für das Dressing:

- ● 2 EL Sesamöl
- ● 4 EL Sonnenblumenöl
- ○ 3 EL Balsamico bianco
- » 1 EL Tahin (Rezept siehe Seite 127)

- ● Meer- oder Himalajasalz und
- ○ Chilipulver (zum Nachwürzen)

Zutaten Einkauf

- ● 3 Paprikaschoten (jeweils 1 rote, gelbe und grüne)
- ● 400 g Strauchtomaten
- ● 1 Salatgurke
- ○ 150 g Oliven (violett, entsteint, in Lake)

1. Paprikaschoten, Tomaten sowie Salatgurke putzen, in mundgerechte Stücke schneiden und in einer Salatschüssel bereitstellen.

2. Oliven ggf. abschütten und dazugeben.

3. Das Dressing aus den angegebenen Zutaten herstellen, mit dem Salat mischen und etwas durchziehen lassen.

4. Vor dem Servieren eventuell mit Salz und Chilipulver nachwürzen.

Aufstriche, Dips & Chutneys

„PUTZ"-ABC

In unserem „Putz"-ABC (Seite 14-15) erklären wir, wie man Gemüse, Salate, Kräuter sowie Obst für die jeweiligen Gerichte vorbereitet. Dieser Vorgang wird in den Rezepten mit dem Wort „putzen" beschrieben.

FRISCHE KRÄUTER

Damit man immer frische Kräuter zur Hand hat, empfehlen wir, die entsprechenden Kräuter in Töpfen zu kaufen und sie auf eine Fensterbank zu stellen oder im Garten ein Kräuterbeet anzulegen. Natürlich kann man die Kräuterbutter auch mit getrockneten Kräutern herstellen.

TIPP

Anstelle der Butter können Sie auch die gleiche Menge Frischkäse und 2 EL Sahne verwenden.

● ○ ✔
Erläuterung der Symbole und Einkaufshilfe ab Seite 134

Butter mit Kräutern der Provence

Zutaten aus dem Vorrat

- 100 g Butter (Zimmertemperatur)
- ½ EL Meer- oder Himalajasalz
- 1 EL Zitronensaft

Zutaten Einkauf

- Salbei (frisch), davon 1 EL
- Thymian (frisch), davon 1 EL
- Rosmarin (frisch), davon 1 EL

1. Kräuter putzen und fein hacken.

2. Alle Zutaten mit einer Gabel zu einem streichfähigen Brotaufstrich verarbeiten.

Tomatenbutter

Zutaten aus dem Vorrat

- 100 g Butter (Zimmertemperatur)
- ○ 2 EL Tomatenmark
- ½ TL Meer- oder Himalajasalz
- ○ ½ TL Kräutersalz

Zutaten Einkauf

» kein Einkauf nötig

1. Weiche Butter mit Tomatenmark, Meer- und Kräutersalz mit einer Gabel verrühren, bis die Tomatenbutter eine glatte Beschaffenheit und eine einheitliche Färbung bekommen hat.

Olivensalat als Brotbelag

Zutaten aus dem Vorrat

- ● 4 EL Olivenöl
- ● 2 EL Zitronensaft
- ○ Pfeffer aus der Mühle

Zutaten Einkauf

- ○ 150 g Oliven (entsteint, in Lake)
- ○ 50 g Kapern (in Lake)
- ● Oregano (frisch), davon 1 EL
- ● Thymian (frisch), davon 1 EL

1. Oliven und Kapern klein schneiden.

2. Oregano und Thymian fein hacken.

3. Alle zerkleinerten Zutaten mit Olivenöl und Zitronensaft mischen.

4. Pfeffer aus der Mühle nach Geschmack darübermahlen.

TIPP *Ein leckerer Brotbelag zu einem unserer herzhaften Brote!*

● ○ ✔ Erläuterung der Symbole und Einkaufshilfe ab Seite 134

Aufstrich „Griechische Art“

Zutaten aus dem Vorrat

- 2 TL Kräuter der Provence (getrocknet)
- 1 EL Zitronensaft
- 2 EL Olivenöl
- Pfeffer aus der Mühle

Zutaten Einkauf

- 200 g Cocktailtomaten
- 200 g Fetakäse (in Salzlake)
- 100 g Oliven (entsteint, in Lake)

1. Tomaten putzen und in kleine Stückchen schneiden. Den Fetakäse in einer Schüssel mit einer Gabel zerdrücken.

2. Die Oliven klein schneiden und mit den Kräutern, dem Zitronensaft und dem Olivenöl und den klein geschnittenen Tomaten zum Käse geben.

3. Alle Zutaten gründlich miteinander mischen. Vor dem Servieren Pfeffer aus der Mühle nach Geschmack darübermahlen.

TIPP *Anstelle der Kräuter der Provence können Sie natürlich auch frische Kräuter, z. B. Oregano, Thymian, Rosmarin und Basilikum, verwenden.*

● ○ ✔
Erläuterung
der Symbole und
Einkaufshilfe
ab Seite 134

Tahin (Sesampaste)

Zutaten aus dem Vorrat

- ✔ 200 g Sesam (geröstet)
- ● 1 EL Meer- oder Himalajasalz
- ● 200–250 ml Sesamöl

Zutaten Einkauf

- » kein Einkauf nötig

1. Sesam in ein hohes, schmales Rührgefäß füllen.

2. Salz und Öl dazugeben und mit einem Stabmixer 30 Sekunden fein pürieren.

3. Nach dieser Zeit den Stabmixer aus der Masse nehmen und alles mit einem Esslöffel durchrühren. Die Masse danach noch einmal mit dem Stabmixer so lange pürieren, bis sich eine streichfähige Masse ergeben hat.

TIPP *Wenn Sie die Sesampaste vorrätig haben, bildet sie eine gute Grundlage für herzhafte Aufstriche mit klein geschnittener Paprikaschote, Chilischote oder klein geschnittenen Kräutern.*

Kichererbsenaufstrich

Zutaten aus dem Vorrat

- ○ 200 ml Gemüsebrühe (gekörnt, hefefrei)
- » 2 EL Tahin (selbst gemacht)
- ● 200 g Crème fraîche
- ● 4 EL Zitronensaft
- ○ ¼–½ TL Chilipulver

Zutaten Einkauf

- ○ 100 g Kichererbsenmehl (geröstet)

1. Die Gemüsebrühe zum Kochen bringen, das Kichererbsenmehl einrühren und alles einmal kurz aufkochen lassen. Den Topf von der Herdplatte ziehen und quellen lassen.

2. Alle übrigen Zutaten einrühren und kühl stellen.

Rote-Linsen-Aufstrich

Zutaten aus dem Vorrat

- ● 200 ml Wasser
- ● ½ TL Meer- oder Himalajasalz
- ● 100 g Crème fraîche
- ● 50 g Zwiebel
- ● 1 EL Butter
- ○ 1 TL Currypulver

Zutaten Einkauf

- ○ Rote Linsen (getrocknet), davon 100 g
- ● 1 Apfel
- ● Thymian (frisch, abgezupft), davon 1 EL

1. Linsen waschen, mit Wasser und Salz in einem Topf zum Kochen bringen und 8–10 Minuten gar kochen.

2. Die Linsen in ein hohes Gefäß umfüllen, Crème fraîche dazugeben und beides zusammen zu einer homogenen Masse pürieren.

3. Den Apfel schälen, die Zwiebel häuten, alles klein schneiden und in Butter etwa 10 Minuten dünsten.

4. Die Apfel-Zwiebel-Masse mit der Linsenmasse verrühren und mit Currypulver abschmecken.

● ○ ✔
Erläuterung der Symbole und Einkaufshilfe ab Seite 134

Apfelchutney

Zutaten aus dem Vorrat

- 100 g Zwiebeln
- 1 EL Butter
- 4 EL Zitronensaft
- ○ 50 g Rosinen
- 50 g Walnussbruch

Zutaten Einkauf

- 600 g Äpfel
- 1 Chilischote (frisch, rot)

1. Die Zwiebeln häuten, in kleine Stücke schneiden und in Butter andünsten.

2. Die Äpfel schälen, in kleine Stücke schneiden und mit dem Zitronensaft zu den Zwiebeln geben. Alles zum Köcheln bringen.

3. Die Chilischote aufschneiden, die Kerne und das helle Fruchtfleisch entfernen und die ganze Schote zu den Äpfeln geben.

4. Rosinen und Walnussbruch zu den Äpfeln geben. Alles 20–25 Minuten köcheln lassen.

5. Zum Schluss die Chillischote mit 3 EL Apfelmasse in ein hohes Gefäß geben, mit einem Stabmixer pürieren und anschließend wieder unter die übrige Apfelmasse mischen.

●○✔
Erläuterung
der Symbole und
Einkaufshilfe
ab Seite 134

Tomaten-Paprika-Zucchini-Chutney

Zutaten aus dem Vorrat

- ● 100 g Zwiebeln
- ● 1 EL Butter
- ● 1 EL Vollrohrzucker
- ○ 2 EL Apfelessig

Zutaten Einkauf

- ● 250 g Zucchini
- ● 2 Paprikaschoten (gelb)
- ● 500 g Strauchtomaten
- ● 1 Chilischote (frisch, rot)

TIPP *Die Soße können Sie mit gekochtem Reis vermischt als Paprikafüllung verwenden.*

1. Die Zwiebeln häuten, die Zucchini putzen, alles in kleine Würfel schneiden und in einer Pfanne mit Butter andünsten.

2. Die Paprikaschoten halbieren, die Kerne, die hellen Trennhäute und den Strunk entfernen. Die Paprikaschoten mit der Schnittseite auf ein Backblech legen und im Backofen bei ca. 180 °C 20 Minuten backen. Wenn die Haut anfängt, schwarz zu werden, die Paprikaschoten aus dem Ofen nehmen und nach einer Abkühlzeit die Haut abziehen.

3. Die Tomaten über Kreuz einschneiden und in ein hohes Gefäß füllen. Kochendes Wasser darübergießen. Nach ca. 10 Minuten das Wasser abschütten und die Tomaten häuten.

4. Chilischote waschen, halbieren, Kerne und weißes Fruchtfleisch entfernen und in dünne Streifen schneiden.

5. Paprikaschoten und Tomaten klein schneiden und mit der Chilischote, Vollrohrzucker sowie Essig zu der Zwiebel-Zucchini-Masse geben und 10–15 Minuten köcheln lassen.

Kürbischutney

Zutaten aus dem Vorrat

- 100 g Zwiebeln
- 2 EL Butter
- 5 EL Wasser
- 250 g Vollrohrzucker
- ○ 200 ml Apfelessig

Zutaten Einkauf

- 1 Hokkaidokürbis, ca. 1 kg
- 2 EL Ingwer (frisch, gerieben)

1. Hokkaidokürbis aufschneiden, die faserigen Bestandteile und die Kerne entfernen. Den Kürbis in sehr kleine Stücke schneiden.

2. Zwiebeln häuten, in kleine Stücke schneiden und mit dem geriebenen Ingwer in Butter andünsten.

3. Die Kürbisstücke und das Wasser zu den Zwiebelstücken geben und alles solange dünsten, bis die Flüssigkeit verkocht ist. (Der Kürbis kann mit der Schale gekocht werden.)

4. Vollrohrzucker und Essig zur Masse geben und alles unter mehrmaligem Umrühren 30–40 Minuten köcheln lassen.

TIPP *Die Kürbismasse bekommt man etwas cremiger, wenn man sie einmal mit einem Kartoffelstampfer durchstampft.*

Mayonnaise

Zutaten aus dem Vorrat

- ● 1 Ei
- ○ 1 EL Senf (mittelscharf)
- ○ 1 EL Balsamico bianco
- ● 1 TL Meer- oder Himalajasalz
- ○ ¼ TL Pfeffer
- ● 250 ml Sonnenblumen- oder Leinöl

Zutaten Einkauf

» kein Einkauf nötig

Damit die Mayonnaise gelingt, müssen alle Zutaten die gleiche Temperatur haben – die Eier, falls sie im Kühlschrank gelagert werden, also zeitig aus dem Kühlschrank herausnehmen.

Alle Zutaten außer dem Öl in ein hohes Gefäß geben und mit einem Stabmixer verquirlen, während das Öl ganz langsam in einem dünnen Strahl hinzugegeben wird.

● ○ ✔
Erläuterung der Symbole und Einkaufshilfe ab Seite 134

TIPP *Die Mayonnaise bildet eine super Dressinggrundlage für Kartoffel- und Nudelsalate. In die fertige Mayonnaise kann man Joghurt hineinrühren und erhält, wenn man die Masse mit Kräutern vermischt, ein leichteres Dressing, das man vielfältig verwenden kann.*

Tomatenketchup

Zutaten aus dem Vorrat

- ● 100 g Zwiebeln
- ● 2 EL Olivenöl
- ○ 4 EL Tomatenmark
- ● 4 EL Vollrohrzucker
- ● 1 TL Meer- oder Himalajasalz
- ○ 1 TL Paprikapulver
- ○ ¼ TL Chilipulver

Zutaten Einkauf

- ● 600 g Strauchtomaten

1. Zwiebel häuten, klein schneiden und in Olivenöl andünsten.

2. Tomaten putzen sowie klein schneiden und zu den Zwiebeln geben.

3. Tomatenmark, Vollrohrzucker und die Gewürze hinzufügen und alles 10 Minuten unter mehrmaligem Umrühren köcheln lassen. Abschmecken und eventuell noch einmal nachwürzen.

4. Die Tomatenmasse in ein hohes Gefäß füllen und mit einem Stabmixer pürieren – so erhält man einen Ketchup.

TIPP *Wenn Sie Currypulver in die Tomatenmasse einrühren, erhalten Sie einen Curryketchup.*

BIOMARKT

Einkaufshilfe

Die Symbole vor den Lebensmitteln in den Rezepten helfen Ihnen beim Einkauf für Ihre glutenfreie Ernährung.

Unsere Symbole bedeuten:

●
Von Natur aus glutenfreie Lebensmittel, Seite 136/137

○
Lebensmittel und Hersteller nach der aktuellen Aufstellung glutenfreier Lebensmittel der DZG e.V., Seite 138/139

✔
Garantiert glutenfrei bei Naturkorn Mühle Werz, Seite 140 (Diese Produkte sind mit der durchgestrichenen Ähre gekennzeichnet.)

Von Natur aus glutenfreie Lebensmittel

Wir empfehlen Ihnen, auf Naturbelassenes zu setzen. Auch sollten Sie, wo immer es möglich ist, auf Konservierungsstoffe sowie weiterverarbeitete Lebensmittel verzichten. Da wir uns für die Natürlichkeit der zum Kochen verwendeten Lebensmittel einsetzen, empfehlen wir nur hochwertige Einzelprodukte.

Ananas
Äpfel
Bananen
Bärlauchblätter
Bärlauchöl
Basilikum (frisch)
Blattsalat
Blumenkohl
Blutorangen
Brokkoli
Buschbohnen (frisch)
Butter
Champignons
Chilischote (frisch, rot/grün)
Chinakohl
Cocktailtomaten
Crème fraîche
Dill (frisch)
Eier
Emmentaler (Naturkäse)*
Erdbeeren
Feldsalat
Fetakäse (in Salzlake)
Ghee (geklärte Butter)*
Gouda (Naturkäse)*
Greyerzer (Naturkäse)*
Himbeeren (frisch)
Hokkaidokürbis
Honig
Ingwer (frisch)
Kartoffeln
Kichererbsen (getrocknet)
Knollensellerie
Kopfsalat
Kohlrabi
Kokosfett (ungehärtet)
Kürbiskerne*
Kürbiskernöl

Leinöl (kalt gepresst)

Mandelkerne*

Mango (frisch)

Meer- oder Himalajasalz

Möhren

Mozzarella (in Salzlake)

Naturjoghurt

Olivenöl (kalt gepresst)

Orangen

Oregano (frisch)

Paprikaschoten (rot/gelb/grün)

Parmesan (Naturkäse)*

Petersilie (frisch, glatt/kraus)

Pflücksalat

Porree

Radieschen

Reismilch

Rettich (schwarz)

Rosmarin (frisch)

Rote Bete

Rucola

Rundkornreis (Vollkorn)

Salatgurke

Salbei (frisch)

Schlagsahne

Schnittlauch (frisch)

Sesamöl (kalt gepresst)

Sesam (ungeschält)

Sonnenblumenkerne*

Sonnenblumenöl

Strauchtomaten

Sprossen (aus glutenfreien Saaten)

Thymian (frisch)

Vollmilch

Vollrohrzucker

Walnusskerne/ Walnussbruch*

Walnussöl (kalt gepresst)

Wasser

Weißkohl

Zitronen

Zucchini

Zwiebeln (frisch, alle Sorten)

*Naturkäse

Beim Kauf von Naturkäse an der Frischetheke sollte man darauf achten, dass der Käse mit einem gereinigten Messer auf einer gereinigten Unterlage geschnitten wird, um Kontamination zu verhindern.

*Nüsse/Kerne

Sämtliche unverarbeiteten Nusssorten sowie Sesam, Sonnenblumenkerne und Mandeln sind glutenfrei.

*Ghee

Ghee bekommt man in Reformhäusern, Bioläden und in Drogeriemärkten. Wie Sie Ghee selbst herstellen können, zeigen wir Ihnen auf unserer Webseite www.kochwerte.de. Wer kein Ghee zu Verfügung hat, kann es in den Rezepten durch Olivenöl oder Kokosfett ersetzten.

Lebensmittel und Hersteller nach der aktuellen Aufstellung glutenfreier Lebensmittel der DZG e.V.

Die hier genannten Einkaufsquellen sind eine bewusste Auswahl von Herstellern, die ihre glutenfreien Produkte in Bioqualität anbieten. Zu jedem Produkt haben wir ein bis zwei Hersteller aufgeführt, deren Produkte in Biomärkten, Reformhäusern oder im Internet erhältlich sind. Alle von uns aufgelisteten Lebensmittelhersteller sind in der aktuellen Aufstellung glutenfreier Lebensmittel der DZG e.V. zu finden, in der natürlich noch weitere Anbieter zu den von uns verwendeten Lebensmitteln gelistet sind.

Agar-Agar	Arche, Brecht, Rapunzel
Agavendicksaft/ Agavensirup	dennree
Apfelessig*	Byodo
Balsamico bianco*	Gustoni
Brotgewürz	Sonnentor*
Camembert (am Stück)	dennree
Chilipulver	Sonnentor*
Cranberries	Rapunzel, dennree
Currypulver	Sonnentor*
Datteln	Rapunzel, dennree
Gemüsebrühe (hefefrei)	Natura, Naturata, bruno fischer
Gewürzgurken	Mutter Natur Produkte
Ingwer (gemahlen)	Sonnentor*
Kapern (in Lake)	Rapunzel
Kichererbsenmehl (geröstet)	Rapunzel
Kidneybohnen (getrocknet)*	Davert
Kokosraspeln	Rapunzel
Kräuter der Provence	Brecht
Kräutersalz	Brecht, Rapunzel
Linsen (gelb, getrocknet)*	Neuform
Linsen (rot, getrocknet)*	dennree, Neuform
Muskatnuss (ganz)	Brecht, Sonnentor*
Muskatnuss (gemahlen)	Brecht, Sonnentor*
Oliven (grün, entsteint, in Lake)	Rapunzel
Oliven (violett, entsteint, in Lake)	Rapunzel
Oregano (getrocknet)	Brecht, Sonnentor*

Paprikapulver (edelsüß)	Brecht, Sonnentor*
Pfeffer (weiß/schwarz)	Brecht, Sonnentor*
Pfefferkörner (bunt)	Brecht, Sonnentor*
Pflaumen (getrocknet, entsteint)	Rapunzel
Polenta (Maisgrieß)	Davert
Rosinen	Rapunzel, Natura
Rosmarin (getrocknet)	Sonnentor*
Rote Nierenbohnen	Davert
Salatkräuter (getrocknet)	Brecht
Salbei (getrocknet)	Sonnentor*
Sauerkraut*	Schweizer Sauerkrautfabrik
Schnittlauch (getrocknet)	Sonnentor*
Senf (gekörnt)	Byodo
Senf (mittelscharf)	Byodo, Natura
Thymian (getrocknet)	Brecht, Sonnentor*
Tomatenmark	dennree, Rapunzel
Zimt (Cassia, gemahlen)	Brecht, Sonnentor*
Zuckerrübensirup	Bauck

*Apfelessig/Balsamico

Apfelessig ist ein Obstessig und von Natur aus glutenfrei. Balsamico bianco ist ebenfalls von Natur aus glutenfrei. Bei Essig und Balsamico ist allgemein darauf zu achten, dass er keine glutenhaltigen Gewürz- oder Kräuterzusätze enthält oder durch Malz (Gerstenmalz) dunkel gefärbt wurde.

*Hülsenfrüchte

Hülsenfrüchte sollten, wie in den entsprechenden Rezepten angegeben, nur in getrockneter Form gekauft werden. Da bei einigen Hülsenfrüchten, wie zum Beispiel bei Linsen, glutenhaltige Getreide als Rankhilfe eingesetzt werden, sollten die verwendeten Hülsenfrüchte vor dem Gebrauch gründlich auf Getreidekörner (Weizen, Gerste oder Roggen) durchsucht und anschließend gründlich gewaschen werden. Aus diesem Grund (Rankhilfe) findet man auf der Verpackung mancher Hülsenfrüchte den Hinweis, dass sie Spuren von Gluten enthalten könnten.

*Sauerkraut sowie Sauerkonserven

Sauerkonserven sind glutenfrei, sofern in der Zutatenliste nur die entsprechende Gemüsesorte und Salz aufgeführt werden.

*Sonnentor

Eine Ausnahme bilden die Produkte von *Sonnentor*, die sich (zur Drucklegung) nicht in der Aufstellung glutenfreier Lebensmittel der DZG e.V. finden lassen. Unsere Nachfrage bei *Sonnentor* erwies, dass auf allen Produkten von *Sonnentor* alle verwendeten Zutaten aufgeführt sind. Wir empfehlen in unseren Rezepten in der Regel Einzelgewürze. Aus diesem Grund haben wir uns entschieden, die reinen Gewürze der Firma *Sonnentor* zu empfehlen, obwohl sie nicht in der aktuellen Aufstellung glutenfreier Lebensmittel der DZG e.V. zu finden sind.

Garantiert glutenfrei bei Naturkorn Mühle Werz

Diese Produkte bekommen Sie garantiert glutenfrei bei der Naturkorn Mühle Werz. Die Produkte sind mit der durchgestrichenen Ähre gekennzeichnet.

Diese und weitere glutenfreie Artikel können Sie über **www.vollwertcenter.de** bestellen.

Agavendicksaft	Werz
Amarantmehl	Werz
Braunhirsemehl / Braunhirseflocken	Werz
Buchweizen, ganzes Korn	Werz
Buchweizenflocken (Vollkorn)	Werz
Buchweizenmehl (Vollkorn)	Werz
Carobpulver	Werz
Erdmandelflocken	Werz
Guarkernmehl	Werz
Hirse, ganzes Korn	Werz
Hirseflocken (Vollkorn)	Werz
Hirsegrieß	Werz
Hirsemehl (Vollkorn)	Werz
Johannisbrotkernmehl	Werz
Kürbiskerne	Werz
Mandelkerne	Werz
Mandelmüsli (3-Korn)	Werz
Mandeln (gemahlen)	Werz
Quinoa, ganzes Korn	Werz
Quinoamehl (Vollkorn)	Werz
Reis, ganzes Korn (Rundkorn)	Werz
Reisflocken (Vollkorn)	Werz
Reisgrieß	Werz
Reismehl (Vollkorn)	Werz
Reissirup	Werz
Reisstärke	Werz
Sesam (geröstet)	Werz
Sonnenblumenkerne	Werz
Traubenkernmehl	Werz
Trockenhefe	Werz
Vollkornbrösel (Paniermehl)	Werz
Weinsteinbackpulver	Werz

Ein Korn · Ein Keks · Ein Kunstwerk
50 Jahre
Wenn es ums Backen geht, macht ihm keiner etwas vor – Karl-Otto Werz ist eine Koryphäe auf dem Gebiet der Vollwertbäckerei. Seit 50 Jahren gelingt es dem Tüftler aus Schwaben immer wieder aufs Neue, ohne Milch, Ei und Hilfsmittel köstliche Kekse und Brote zu erschaffen – zur Freude und Gesundheit seiner begeisterten Kunden.
Werz
Naturkorn Mühle Werz · Stäffeleswiesen 28
89522 Heidenheim · www.vollwertcenter.de

Glutenfrei & vegetarisch – Kochen und Backen. Band 1

© 2013 VND | Verlag Neue Dimensionen
www.verlag-neuedimensionen.de
E-Mail: info@verlag-neuedimensionen.de

Alle Rechte vorbehalten. Für weitere Informationen und zur Verbreitung z. B. durch Theater, Funk, Fernsehen sowie andere Kommunikationsmittel wenden Sie sich bitte an den Verlag.

Autorinnen: Birgit Wäschenbach & Renate Kerner
Fotos: Michaela Thiel-Hensel, www.studio-thiel.de
Layout: Matthias Hensel, www.matthiashensel.com
Korrektorat: Therese Meitinger/ Jessica Alterauge
Druck: Printed in Germany

ISBN 978-3-941580-55-8

2. Auflage

Unser wertschätzender Umgang mit der Umwelt zeigt sich nicht nur in unseren Rezepten. Aus diesem Grund verwenden wir Papier aus nachhaltiger Forstwirtschaft.

Alle fotografierten Gerichte sind nach den vorliegenden Rezepten von den Autorinnen selbst zubereitet worden.

Immer wieder haben wir in unserem Buch Empfehlungen für verschiedene Hersteller ausgesprochen. Wir haben das getan, weil wir von der Qualität der verschiedenen Produkte überzeugt sind. Durch die Empfehlungen ist uns kein finanzieller Vorteil erwachsen – weder durch finanzielle Zuwendungen noch durch Anzeigenerlöse.

Mehr Informationen zum Thema Zöliakie erhalten Sie bei der DZG.

Deutsche Zöliakie-Gesellschaft e.V.
Kupferstraße 36, 70565 Stuttgart
Telefon 0711 / 45 99 81 0
info@dzg-online.de, www.dzg-online.de

Die DZG e. V. ist
Inhaberin der Marke
„Durchgestrichene Ähre"

Zöliakie ist eine ernst zu nehmende Krankheit. Als solche kann sie nur ein Arzt diagnostizieren und behandeln. Suchen Sie deshalb unbedingt einen Arzt Ihres Vertrauens auf, sobald Sie den Verdacht haben, dass Sie erkrankt sein könnten. Die Anregungen in diesem Buch wurden von den Autorinnen mit größter Sorgfalt erstellt und geprüft. Keinesfalls ersetzen sie jedoch kompetenten medizinischen Rat. Zudem gilt: Jeder sollte für sein Handeln die Verantwortung immer selbst übernehmen. Eine Haftung von Autorinnen und/oder Verlag für Personen-, Sach- und Vermögensschäden ist ausgeschlossen und kann daher nicht übernommen werden.

Hersteller-Adressen

Hersteller	Biomarkt	Reformhaus	Onlineshop	Internet
Arche Naturprodukte	✗	✗		www.arche-naturprodukte.de
Bauck	✗	✗		www.bauckhof.de
Brecht Gewürzmühle		✗		www.gewuerzmuehle-brecht.de
Bruno Fischer	✗			www.brunofischer.de
Byodo Naturkost	✗			www.byodo.de
Davert	✗			www.davert.de
dennree	✗	✗		www.dennree.de
Gustoni	✗			www.gustoni.de
Mutter Natur®-Produkte	✗			www.mutternatur.at
Natura-Werk		✗		www.natura.de
Naturata	✗		✗	www.naturata.de
Naturkorn Mühle Werz	✗	✗	✗	www.vollwertcenter.de
neuform		✗		www.reformhaus.de
RAPUNZEL NATURKOST	✗		✗	www.rapunzelshop.de
Schweizer Sauerkonserven	✗			www.schweizer-sauerkonserven.de
SONNENTOR	✗		✗	www.sonnentor.at